AF542821

Ayn Rand

Kolumnen

Ayn Rand

Kolumnen

und andere Texte (1946-1979)

Herausgegeben und eingeleitet
von Peter Schwartz

Aus dem amerikanischen Englisch
von Philipp Dammer

Jena

Titel der Originalausgabe:
The Ayn Rand Column

Die Veröffentlichung erfolgte mit Genehmigung von
The Ayn Rand Institute
c/o CURTIS BROWN Ltd., 10 Astor Place, New York, NY 10003 USA

1. Auflage

www.TvRMedienverlag.de

Endredaktion: Dr. Holger J. Thuß, Heiko Ziemer M.A.
Druck und Bindung: UAB „Baltijos Kopija“, Vilnius
Printed in Lithuania

ISBN 978-3-940431-64-6

Inhalt

Vorbemerkung zur zweiten Auflage

Ihre brillanten Talente als Romanschriftstellerin und Philosophin sichern Ayn Rand ihren Platz in der Geschichte. Ihr intellektueller Einfluss wird immer deutlicher. Ihre Bücher verkaufen sich weltweit mehr als 300.000 Mal pro Jahr, und ihre bislang unveröffentlichten Schriften und Ideen stehen nun durch die posthume Veröffentlichung ihrer Briefe, Tagebücher und aufgezeichneten Seminare zur Verfügung. Ayn Rand (und ihre Philosophie, Objektivismus) wird über 15 Jahre nach ihrem Tod mehr und mehr zu einer Quelle für Filme, Artikel und philosophische Diskussionen.

Die *Ayn-Rand-Kolumne* (zuerst 1991 erschienen) ist ein weiteres Werk in dieser Reihe. In diesen wöchentlichen Zeitungskolumnen, die sie 1962 für die *Los Angeles Times* schrieb, zeigt sie ihr Talent in der Analyse von Nachrichten und kulturellen Ereignissen der Zeit.

Diese erweiterte Auflage enthält drei bislang unveröffentlichte Aufsätze. Das *Lehrbuch des Amerikanismus* erschien 1946 ursprünglich in *The Vigil*, einer Veröffentlichung der *Motion Picture Alliance for the Preservation of American Ideals*. Als erstes Drittel eines dann unvollständig gebliebenen Projekts sollte es die in politischen Fragen enthaltenen Grundprinzipien definieren und klarstellen. Der zweite Aufsatz *Das faschistische „Neue Ziel"* (1962) behandelt die moralisch-politische Philosophie der modernen Kultur. (Zwei der Zeitungskolumnen, *Ein intellektueller Staatsstreich* und *Regierung durch Einschüchterung* werden hier in Auszügen zitiert.) Der letzte Artikel ist ihr Beitrag für ein 1958 abgehaltenes Symposium über die Wahl zwischen Individualismus und Kollektivismus, vor der Unternehmer standen – besonders diejenigen, die durch das Buch *The Organization Man* beeinflusst wurden.

Juni 1998

Einleitung

Eine von Ayn Rands besonderen Tugenden ist ihre Fähigkeit, nach außen hin scheinbar ganz gewöhnliche, triviale, sterile Begebenheiten zu untersuchen und die faszinierendsten Implikationen daraus abzuleiten. Dieses Talent ist nicht primär das Resultat ihres schriftstellerischen Talents, beeindruckend wie es auch sein mag; es ist die Konsequenz einer bestimmten Denkweise. Ihr kognitiver Ansatz besteht darin, immer in Kernfragen zu denken – die Einzelheiten eines konkreten Ereignisses beiseite zu wischen, die Kernaussage zu erkennen und das dahinterliegende Prinzip zu extrahieren. Dies versetzt sie in die Lage, aus den winzigsten Fakten die weitesten Schlüsse zu ziehen. Und darum sind ihre Kommentare über damalige Ereignisse auch Jahrzehnte später noch so aufschlussreich, selbst nachdem die eigenen Erinnerungen daran vielleicht verblasst sind. Prinzipien sind aufgrund ihrer Natur zeitlos.

Die Essays in *Die Ayn-Rand-Kolumne* sind ein Zeugnis dafür.

Ayn Rand schrieb sie überwiegend in ihrer Rolle als Kolumnistin für die *Los Angeles Times* im Jahre 1962. Sie befassen sich mit Ereignissen aus den Zeitungen jener Zeit. Und doch wurden sie nicht von der Zeit eingeholt – anders als so viele andere Kommentare, die Tage, ja Stunden nach ihrer Veröffentlichung veraltet und irrelevant sind. Ihre Perspektive auf die Nachrichten ist nicht die eines Reporters, sondern die des großen Historikers, dessen Zeitrahmen in Jahrhunderten gemessen wird, und dessen Funktion darin besteht, die Welt durch Bezugnahme auf universelle Wahrheiten zu erklären. Ob sie den algerischen Bürgerkrieg, Englands Eintritt in die Europäische Gemeinschaft oder den Auftritt von Alger Hiss im Fernsehen unter die Lupe nimmt – Ayn Rand hat immer etwas Interessantes zu vermitteln. Sie sieht sich z.B. den Algerienkrieg an und zeigt, wie „eine Mehrheit ohne Ideologie ein hilfloser Mob ist, den jeder übernehmen kann"; oder die Kontroverse über die Europäische Gemeinschaft und zeigt auf, warum für die Liberalen „internationale Demokratie, eine Weltregierung und unbeschränkte Mehrheitsherrschaft nur solange Ideale sind, wie die Mehrheit für Sozialismus stimmt"; oder sie sieht sich die Proteste und

Gegenproteste in Bezug auf das Interview mit dem sowjetischen Agenten Hiss an und erklärt, dass Redefreiheit „nicht verlangt, dass private Bürger dem Mann ein Mikrophon hinstellen müssen, der ihre Zerstörung will".

Ihre charakteristische Methode, das Nicht-Offensichtliche aufzuspüren, ist in den zusätzlichen Artikeln in dieser Sammlung ebenso augenfällig. Nur Ayn Rand - die unnachgiebige Atheistin und Egoistin - konnte einen Artikel schreiben, der den säkularen Wert von Weihnachten verteidigt. Nur Ayn Rand konnte ein auf den ersten Blick prosaisches und begrenztes Thema, nämlich Briefmarkensammeln, durchleuchten und zu dem Schluss kommen, dass diese Aktivität besonders für die Psycho-Epistemologie eines produktiven Geistes attraktiv ist, da sie „die wichtigsten Elemente einer Karriere hat, sie aber auf eine klar begrenzte, private Welt transponiert."

Für Ayn Rand war der erste Blick nie der letzte.

****

Ich bin sehr glücklich, dass unser Verlag *Second Renaissance Books* – den ich leite und der die umfassendste Sammlung von Ayn Rands Werken führt - sein Debüt in der Verlagswelt mit *Die Ayn-Rand-Kolumne* feiert. Und ich möchte Walter Huebscher, Don Lemont, Catherine Dickerson und Edward Podritske für ihre Arbeit an diesem Buch danken.

Während einige der Essays in dieser Anthologie bereits an anderer Stelle (besonders dem *Objectivist Newsletter*) abgedruckt wurden, wird der Großteil für die meisten Anhänger von Ayn Rand neu sein. Ich hoffe, dass Sie das Buch aufschlussreich finden und sich auf zukünftige Titel von *Second Renaissance Books* freuen werden.

Peter Schwartz
September 1991

Ayn Rand Ties Her Beliefs to Today's World

BY AYN RAND

At a sales conference at Random House, preceding the publication of "Atlas Shrugged," one of the book salesmen asked me whether I could present the essence of my philosophy while standing on one foot. I did, as follows:

1—Metaphysics: Objective Reality

2—Epistemology: Reason

3—Ethics: Self-interest

4—Politics: Capitalism

'Liberty or Death'

If you want this translated into simple language, it would read:

1—"Nature, to be commanded, must be obeyed" or "Wishing won't make it so."

Ayn Rand is author of "We the Living," "Anthem," "The Fountainhead," "Atlas Shrugged," and "For the New Intellectual: The Philosophy of Ayn Rand."

She is co-editor and co-publisher of the Objectivist Newsletter, a monthly journal of ideas which deals with the application of her philosophy, Objectivism, to the contemporary problems of our culture.

Miss Rand has worked as a screen writer for Universal, MGM, Paramount and Warner Bros. She was born in Russia and educated at the University of Leningrad. She came to the United States in 1926. Her husband, Frank O'Connor, is an artist.

Beginn der ersten Ayn-Rand-Kolumne, 17. Juni 1962

I. Die Ayn-Rand-Kolumne

1. *Einführung in den Objektivismus*

17. 6. 1962 – Bei einer Vertreterkonferenz im Verlag *Random House* kurz vor der Veröffentlichung von *Atlas Shrugged* fragte mich einer der Buchhändler, ob ich die Kernaussagen meiner Philosophie darlegen könnte, während ich auf einem Bein stünde. Ich tat es wie folgt:

1. *Metaphysik*: Objektive Realität
2. *Erkenntnistheorie*: Vernunft
3. *Ethik*: Egoismus
4. *Politik*: Kapitalismus

Wenn Sie dies in einfache Sprache übersetzt haben wollen, würde es heißen: 1. „Um der Natur zu befehlen, muss man ihr gehorchen" oder „Wünschen hilft nicht." 2. „Man kann seinen Kuchen nicht behalten und ihn auch aufessen." 3. „Der Mensch ist ein Selbstzweck." 4. „Gib mir Freiheit oder gib mir den Tod."

Wenn Sie diese Konzepte mit völliger Konsequenz als Fundament Ihrer Überzeugungen verfolgen würden, hätten Sie ein komplettes philosophisches System zur Leitung Ihres Lebensweges. Aber sie mit völliger Konsequenz zu verfolgen – sie zu verstehen, zu definieren, zu beweisen und anzuwenden –, erfordert Bände an Denkarbeit. Und aus diesem Grund kann man Philosophie nicht auf einem Bein stehend diskutieren – und schon gar nicht auf zwei Beinen, mit einem Fuß in jedem Lager. Letzteres ist heute besonders im Bereich der Politik die vorherrschende philosophische Position.

In einer Kolumne kann ich Ihnen als Bezugsrahmen für alle meine zukünftigen Kolumnen nur die kürzestmögliche Zusammenfassung meines Standpunktes bieten. Meine Philosophie, der Objektivismus, besagt:

1. Die Realität existiert als objektives Absolut – Fakten sind Fakten, unabhängig von Gefühlen, Wünschen, Hoffnungen oder Ängsten.

2. Die Vernunft (das Vermögen, das das Sinnesmaterial identifiziert und integriert) ist das einzige Mittel zur Wahrnehmung

der Realität, die einzige Wissensquelle, der einzige Leitfaden und sein grundlegendes Mittel zum Überleben.

3. Der Mensch - jeder Mensch - ist ein Selbstzweck, nicht das Mittel zum Zweck für andere. Er muss für sich selbst existieren und darf weder sich selbst für andere, noch andere für sich selbst opfern. Das Streben nach seinem *rationalen* Eigeninteresse und seinem eigenen Glück ist das höchste moralische Ziel seines Lebens.

4. Das ideale politisch-ökonomische System ist Laissez-Faire-Kapitalismus. Es ist ein System, in dem Menschen miteinander nicht als Opfer und Henker, nicht als Sklaven und Herren umgehen, sondern als *Händler*, durch freien, freiwilligen Austausch zu gegenseitigem Vorteil. Es ist ein System, in dem niemand irgendeinen Wert von einem anderen erlangen kann, indem er zu körperlicher Gewalt greift und *niemand die Anwendung körperlicher Gewalt initiieren darf*. Der Staat handelt nur als Polizist, der die Rechte der Menschen schützt; er benutzt körperliche Gewalt *nur* als Erwiderung und nur gegen die, die mit ihrer Anwendung beginnen, z.B. Verbrecher oder ausländische Angreifer. In einem vollständig kapitalistischen System sollte es eine völlige Trennung von Staat und Wirtschaft geben (die es aber bis heute nicht gegeben hat), in der gleichen Weise und aus den gleichen Gründen wie die Trennung von Staat und Religion.

Kapitalismus war das ursprüngliche System der Vereinigten Staaten. Sein Erfolg, sein Fortschritt und seine Leistungen sind in der Geschichte beispiellos. Amerikas politische Philosophie basierte auf dem Recht des Menschen auf sein eigenes Leben, auf seine eigene Freiheit, auf das Streben nach seinem eigenen Glück, was bedeutet: auf dem Recht des Menschen, für sich selbst zu existieren. Dies war Amerikas *impliziter* Moralkodex, der aber nie explizit formuliert wurde. Dies war der Fehler in Amerikas intellektuellem Rüstzeug, der Amerika jetzt zerstört. Amerika und Kapitalismus verenden, weil ihnen ein moralisches Fundament fehlte.

Zerstört werden sie von der Moral des Altruismus.

Altruismus besagt, dass der Mensch kein Recht habe, nur für sich zu leben, dass Dienst an anderen die einzige moralische Rechtfertigung seiner Existenz, und Selbstopferung die höchste moralische Pflicht sei. Der politische Ausdruck des Altruismus ist Kollektivismus oder *Dirigismus,* der besagt, dass das Leben des Menschen und seine Arbeit dem Staat (der Gesellschaft, der Gruppe, der Bande, der Rasse, der Nation) gehören und dass der Staat in jeder Weise über ihn verfügen dürfe, zum Wohle dessen, was er für das eigene kollektive Wohl hält.

„Von Anfang an war Amerika zerrissen vom Konflikt seines politischen Systems mit der altruistischen Moral. Kapitalismus und Altruismus sind unvereinbar. Sie sind philosophische Gegensätze. Sie können nicht im gleichen Menschen oder in der gleichen Gesellschaft existieren. Heute hat der Konflikt seinen Höhepunkt erreicht; die Wahl ist klar und deutlich: Entweder eine neue Moral des rationalen Egoismus, mit ihren Konsequenzen Freiheit, Gerechtigkeit, Fortschritt und Glück auf der Erde - oder die urzeitliche Moral des Altruismus mit ihren Konsequenzen: Sklaverei, nackte Gewalt, Terror und Opferaltäre." (*Für den neuen Intellektuellen*)

Sie können die praktischen Resultate von Altruismus und Dirigismus überall in der heutigen Welt sehen, z.B. die Sklavenarbeitslager in Sowjetrussland, wo 21 Millionen politische Gefangene an der Errichtung von staatlichen Projekten arbeiten und an *geplanter* Unterernährung sterben, da Menschenleben billiger als Nahrung sind; oder die Gaskammern und die Massenmorde in Nazi-Deutschland, den Terror und den Hunger in Rotchina, die Hysterie in Kuba, wo die Regierung Menschen zum Verkauf anbietet, oder die Berliner Mauer, wo Menschen von Dächern springen oder durch Abwasserkanäle kriechen, um zu entkommen, während Wachposten auf fliehende *Kinder* schießen.

Sehen Sie sich diese Gräueltaten an, und fragen Sie sich dann, ob irgendetwas davon möglich gewesen wäre, wenn Menschen nicht die Idee akzeptiert hätten, dass der Mensch ein Opfertier ist, das für das „Allgemeinwohl" geschlachtet werden darf. Lesen Sie die Reden der politischen Führer dieser Länder und fragen Sie sich, welche Argumente sie noch hätten, wenn das Wort „Opfer" nicht als moralisches

Ideal, sondern als das unmenschliche Übel angesehen würde, das es tatsächlich ist.

Und *dann* hören Sie sich die Reden unserer gegenwärtigen [Kennedy-] Regierung an – und stellen Sie sich dieselbe Frage.

2. *Krieg und Frieden*

24. 6. 1962 – Eines der hässlichsten Merkmale der heutigen Welt ist die Mischung aus hektischen Kriegsvorbereitungen und hysterischer Friedenspropaganda, und die Tatsache, dass *beide aus derselben Quelle kommen* – aus derselben politischen Philosophie. Wenn die Menschheit je Frieden haben will, wird der erste Schritt getan sein, wenn die Menschen erkennen, dass die heutige Friedensbewegung nicht aus Friedensliebhabern besteht.

Diese Leute bekunden Liebe und Sorge um das Überleben der Menschheit, und schreien, dass Atomwaffen einen Krieg zu schrecklich gemacht haben, um ihn noch in Erwägung zu ziehen; dass bewaffnete Gewalt als Mittel zur Schlichtung von Konflikten zwischen Nationen abgeschafft und Krieg im Namen der Menschlichkeit geächtet werden sollte. Und doch ist ebendiese Friedensbewegung nicht gegen Diktaturen; die politischen Ansichten ihrer Mitglieder reichen durch alle Farben des politischen Spektrums, von „Sozialstaatsdirigismus" über Sozialismus zu Kommunismus. Das bedeutet, dass diese Bewegung zwar gegen Gewaltanwendung von einer Nation gegen eine andere Nation ist, aber nicht gegen Gewalt von der Regierung einer Nation gegen ihre eigenen Bürger; es bedeutet, dass sie die Anwendung von Gewalt gegen *bewaffnete,* nicht aber gegen *unbewaffnete* Gegner ablehnt.

Unter jedem politischen System und in jeder organisierten Gesellschaft hat der Staat ein gesetzliches Monopol auf die Anwendung körperlicher Gewalt. Das ist der Unterschied zwischen einem Staat und jeder privaten Organisation. Private Individuen oder Gruppen gehen miteinander friedlich um, durch Handel, Überzeugung, Diskussion und freiwillige Vereinbarungen; sie können nicht auf Gewalt zurückgreifen; wer es tut, ist ein Krimineller – und es ist die Aufgabe des Staates, ihm Einhalt zu gebieten.

In einer freien, zivilisierten Gesellschaft ist die Anwendung von körperlicher Gewalt durch die Anerkennung unveräußerlicher individueller Rechte verboten. Die Macht des Staates wird per Gesetz beschränkt auf die Rolle eines Polizisten, der die Rechte der Menschen schützt und Gewalt nur gegen die anwendet, die mit ihrer Anwendung beginnen. *Dies* ist das Grundprinzip des einzigen Gesellschaftssystems, das Gewalt aus menschlichen Beziehungen ausschließt: Laissez-Faire-Kapitalismus.

Aber ein dirigistisches System - sei es kommunistisch, faschistisch, nazistisch oder vom Typus „Sozialstaat" - basiert auf dem gegenteiligen Prinzip: Auf der unbeschränkten Macht des Staates, d.h. auf der Herrschaft nackter Gewalt. Die Unterschiede zwischen dirigistischen Systemen sind nur eine Frage von Zeit und Ausmaß; das Prinzip ist dasselbe. Im Dirigismus ist der Staat kein Polizist, sondern ein legalisierter Verbrecher, der die Macht hat, für welchen Zweck auch immer körperliche Gewalt gegen gesetzlich entwaffnete, schutzlose Opfer anzuwenden.

Nichts kann eine so monströse Theorie rechtfertigen. Nichts kann den Horror, die Brutalität, die Plünderung, die Zerstörung, den Hunger, die Sklavenarbeitslager, die Folterkammern und die komplette Hinschlachtung in dirigistischen Diktaturen rechtfertigen. Und doch befürworten oder tolerieren die angeblichen Friedensliebhaber von heute ebendies - im Namen der Liebe zur Menschheit.

Dirigismus ist ein System aus institutionalisierter Gewalt und ständigem Bürgerkrieg, das den Menschen keine andere Chance lässt, als gegeneinander um die Macht zu kämpfen. In einer totalen Diktatur nimmt dieser Bürgerkrieg die Form von blutigen Säuberungen an, wie in Nazi-Deutschland oder Sowjetrussland. In einer „Mischökonomie" nimmt er die Form von Krieg zwischen „Interessengruppen" an, in dem jede Gruppe darum kämpft, per Gesetz ihre eigenen Vorteile *mit Gewalt* von allen anderen Gruppen zu erpressen.

Dirigismus ist nichts anderes als Bandenherrschaft. Eine dirigistische Diktatur ist eine Bande, die die produktiven Bürger ihres eigenen Landes ausplündert. Wenn die dirigistischen Herrscher eines Landes die Ökonomie ihres eigenen Landes erschöpft haben und ihnen die Beute ausgeht, dann greifen sie ihre Nachbarn an. Alle großen Kriege wurden von den kontrollierteren Ökonomien der Zeit gegen die freieren begonnen. Der Erste Weltkrieg z.B. wurde vom kaiserlichen Deutschland und dem zaristischen Russland begonnen, die hauptsächlich dirigistische „Mischökonomien" waren. Der Zweite Weltkrieg wurde von der Allianz aus Nazi-Deutschland und Sowjetrussland und ihrem gemeinsamen Angriff auf Polen begonnen.

Beachten Sie, dass Deutschland und Russland im Zweiten Weltkrieg komplette Fabriken in den eroberten Ländern demontierten und sie in die Heimat schickten, während die freieste der „Mischökonomien" – die halb-kapitalistischen Vereinigten Staaten – Milliarden an Leihpacht-Equipment, einschließlich kompletter Fabriken, an ihre Verbündeten schickten. Deutschland und Russland brauchten Krieg, die Vereinigten Staaten brauchten ihn nicht und gewannen nichts. Und doch lehnen die Friedensliebhaber von heute Kapitalismus ab und befürworten Dirigismus – im Namen des Friedens.

Es gibt keine moralische Rechtfertigung für die bösartige Lehre, dass einige Menschen das Recht hätten, andere durch Gewalt zu beherrschen. Aber solange Menschen glauben, dass irgendein „edler Zweck" sie rechtfertigen könne, werden Gewalt, Blutvergießen und Kriege weitergehen.

Es stimmt, dass Atomwaffen Kriege zu schrecklich gemacht haben, um sie noch in Erwägung zu ziehen. Aber es macht für einen Menschen keinen Unterscheid, ob er von einer Atombombe getötet, er in eine Nazi-Gaskammer geschickt oder vor ein sowjetisches Erschießungskommando gestellt wird, ohne dass sich eine Stimme zu seiner Verteidigung erhebt. Wird solch ein Mensch Liebe oder Sorge um das Überleben der Menschheit fühlen? Oder wird sein Gefühl, dass eine kannibalische Menschheit, die Diktaturen toleriert, es nicht verdient zu überleben, begründeter sein?

Wem es wirklich um Frieden geht, wer den Menschen wirklich liebt und wer sich um sein Überleben sorgt, sollte erkennen, dass gesetzlose dirigistische Verbrecher Krieg nicht ächten werden und dass man nicht Krieg, sondern Gewalt ächten muss.

3. Fortschritt oder Opfer

1. 7. 1962 – An die Macht kommen können Dirigisten nur mit Versprechungen, Drohungen und Almosen für die, die das Unverdiente suchen – aber in einer nationalen Krise sind sie ohnmächtig, weil die Sprache, die Methoden und die Politik, die bei Schmarotzern Erfolg hatten, nicht funktionieren, wenn das Land Produzenten braucht.

Das gegenwärtige Verhalten der Kennedy-Regierung kann als Beispiel dafür dienen. Ihre Politik basiert auf zwei verkündeten Zielen oder Parolen, die einen unversöhnlichen Widerspruch repräsentieren: „Soziale Gewinne" und „Wirtschaftswachstum".

„Soziale Gewinne" meint heute nicht ökonomischen Fortschritt, der von einer bestimmten Gruppe in freiem Handel auf einem freien Markt verdient wurde, sondern die unverdienten Vorteile oder Almosen, die ihr vom Staat gewährt wurden, d.h. die er aus den produktiven Anstrengungen anderer Gruppen durch legalisierte Gewalt erpresst hat.

„Wirtschaftswachstum" meint den Anstieg der Produktivität einer Wirtschaft durch neues Wissen, neue Produkte und neue Techniken, was bedeutet: durch die Leistungen von Menschen mit produktiven Fähigkeiten.

In jeder ökonomischen Klasse, jeder Gruppe und jedem Beruf gibt es Menschen, die „soziale Gewinne" wollen – und ihre politische Philosophie ist Sozialstaatsdirigismus. Sie trennt Leistung von Belohnung oder Produktion von Verteilung ab, verteilt den Wohlstand eines Landes um und bestraft die Produktiveren zugunsten der weniger Produktiven. Egal wie gemischt eine „Mischökonomie" auch wird und wie sehr sie jede Gruppe zwingt, jede andere auszurauben, so findet der wahre Krieg nicht *zwischen*, sondern *innerhalb* von gesellschaftlichen Klassen statt. Die Macht des Sozialstaatsdirigismus basiert auf speziellen Interessengruppen, die die fähigeren Mitglieder ihrer eigenen Klasse durch erzwungene und unverdiente ökonomische Gleichheit ausrauben.

Franklin D. Roosevelt kam an die Macht mit der Erklärung, dass das Problem der Produktion ein für alle Mal gelöst sei und dass unser einziges Problem aus der Umverteilung bestehe. Aber nach 30 Jahren „Umverteilung" steht die Kennedy-Regierung vor der Tatsache, dass Produktion kein automatisches Geschenk der Natur ist und dass sie von bestimmten Bedingungen abhängt, die kein Sozialstaats-Dirigist zu betrachten wagt.

Während dieser 30 Jahre sind die produktiven Elemente unserer Wirtschaft - die Erzeuger des „Wirtschaftswachstums" - angekettet, gelähmt und fast zerstört worden. Automatische kollektive Beförderungen oder Beförderungen nach Dienstzeit haben die Aufstiegschancen der fähigsten Arbeiter fast eliminiert und halten sie auf der Stufe der weniger Kompetenten. Groteske Antitrust-Anklagen haben die besten Industriekonzerne zerschlagen und sie für produktiven Erfolg bestraft - zugunsten jedes erfolglosen Wettbewerbers. (Und während Firmen wie General Electric, General Motors und United States Steel ständig vor die Antitrust-Gerichte gezerrt und Unternehmer ins Gefängnis geworfen werden, machen Menschen mit politischem Einfluss wie Billie Sol Estes ein Vermögen.) Amerikas produktive Arterien wurden von der progressiven Einkommenssteuer aufgeschlitzt, und die Almosen der „sozialen Gewinne" spritzen quer über die Landesgrenzen und sickern wie Blut in die dunkelsten Ecken der Dschungel dieser Welt.

Womit soll man all das bezahlen? „Mit unserem Wirtschaftswachstum" schreit Mr. Kennedy - während er panisch versucht, neue Interessengruppen zu schaffen, um seine Macht zu stützen, z.B. die Gruppe der Jugendlichen („Peace Corps"), die Gruppe der Alten („Medicare") oder die Gruppe der Verbraucher (die in einer langen Rede über die angeblichen „Rechte" der Verbraucher hofiert wurde, ohne ein Wort über die Rechte der vergessenen Menschen zu verlieren: der Produzenten.)

Mr. Kennedys Versuch, die Produzenten so zu behandeln, als seien auch sie eine spezielle Interessengruppe, die das Unverdiente sucht, verdeutlicht den Bankrott des Sozialstaatsdirigismus. Als Anreiz für „Wirtschaftswachstum" hat Mr. Kennedy den Unternehmern zwei „soziale Gewinne" angeboten: a.) das Tarifgesetz, welches ihm die Macht geben würde, Tarife nach Gutdünken zu erhöhen oder zu senken und somit zahllose Industrien der Gnade seiner unvorhersagbaren Launen auszuliefern - und b.) das Steuerreformgesetz, welches

Unternehmern erlauben würde, einen Teil ihres eigenen Geldes zu behalten – unter der Bedingung, dass sie ihre Kapazitäten ausweiten.

Mr. Kennedy erklärte, dass er verletzt, enttäuscht und erstaunt sei von der Tatsache, dass die Unternehmer diese Almosen nicht begeistert begrüßten. Die Philosophie des Sozialstaates scheint in seinem Kopf so axiomatisch zu sein, dass er handelt, als ob er wirklich glaubt, dass der Staat das gesamte Einkommen, das Eigentum und die Ressourcen der Vereinigten Staaten besitzt – und dass man eine Erlaubnis, etwas von dem Geld zu behalten, das man selbst verdient hat, dankbar als Almosen ansehen sollte.

Mr. Kennedy scheint vergessen zu haben, dass es einen Unterschied zwischen den Zielen, den Erfordernissen und der Psychologie von Schmarotzern und Produzenten gibt.

Schmarotzer wollen beschützt werden, aber Produzenten suchen die Verantwortung der freien Entscheidung. Schmarotzer sehen nicht über den unmittelbaren Moment hinaus, aber Produzenten müssen langfristig vorausschauen und planen. Schmarotzer verlassen sich auf den guten Willen und die launenhaften Gefälligkeiten eines Wohltäters – aber Produzenten leben und funktionieren nicht durch Gefälligkeiten und können keine riesigen Fabriken bauen, wenn die Launen eines Herrschers sie jeden Moment auslöschen können. Produzenten brauchen keine Almosen, sondern Freiheit. Und Freiheit ist keins der Geschenke, die der Sozialstaat zu verteilen hat.

Während Mr. Kennedy schmollt, dass die Unternehmer an seinem „guten Willen" zweifeln und er die ältesten Plattitüden der dirigistischen Mythologie proklamiert (indem er Beweise durch Frechheit ersetzt), wächst die Wirtschaft der Vereinigten Staaten nicht, sondern schrumpft. (Der Absturz der Börse am 28. Mai, der grimmige Rächer der hilflosen Stahlindustrie, war wie eine Herzattacke – eine Warnung dessen, was uns jenseits der „New Frontier" erwartet.)

Mr. Kennedy flehte ständig um „Fortschritt" und „Opfer". Aber das sind Gegensätze – und die Entscheidung, vor der wir nun stehen, lautet entweder „Fortschritt" oder „Opfer". Entweder „Wirtschaftswachstum" oder „soziale Gewinne". Entweder Freiheit oder sozialstaatlicher Zusammenbruch – und unsere Zeit läuft ab.

4. Die neuen Feinde der „Untouchables"

8. 7. 1962 - Wenn eine Kultur von einer irrationalen Philosophie dominiert wird, ist ein Hauptsymptom ihrer Dekadenz die Verdrehung aller Werte. Auf dem Gebiet der Kunst, dem besten Barometer einer Kultur, kann man das am besten beobachten. In der Flut aus Kritik und Verleumdungen gegen die Fernsehindustrie wird die beste Sendung für die penetrantesten Verleumdungen herausgegriffen. Das ist die Sendung *The Untouchables.*

Die moralische Bedeutung und die psychologischen Motive dieser Verleumdungen gehen weit tiefer als die Oberflächlichkeit der Angreifer zeigen mag.

Die Speerspitze dieser Angriffe sind die Dirigisten inner- und außerhalb der FCC, die das Fernsehen und das Radio unter totale staatliche Kontrolle stellen, Zensur durch Lizenzverweigerung einführen und den Inhalt von Sendungen durch bürokratische Edikte, d.h. durch Zwang, vorschreiben wollen. Gleichzeitig schreien sie als Rechtfertigung, dass die Fernsehindustrie mit zu vielen gewalttätigen Sendungen den allgemeinen Geschmack zersetze.

Krimis und Western sind das Hauptangriffsziel der Dirigisten und der diversen Wichtigtuer aller politischen Lager, die man immer in jeder Pro-Zensur-Bewegung der Linken oder der Rechten finden kann.

Die Wahrheit liegt in dieser Frage im genauen Gegenteil ihrer Anschuldigungen: Der Reiz von Krimis und Western liegt nicht im Element der Gewalt, sondern im Element des moralischen Konflikts und der moralischen Ziele.

Krimis und Western sind das letzte Überbleibsel der Romantik in den Medien. Egal wie primitiv sie sind, sie behandeln die realistischsten Fragen des menschlichen Lebens: den Kampf zwischen Gut und Böse. Sie zeigen den Menschen als zielgerichtetes Wesen, das in der Lage ist, seine Ziele auszuwählen, für seine Werte zu kämpfen, Katastrophen zu widerstehen, zu kämpfen und zu gewinnen. Die besten dieser Geschichten bieten die unschätzbaren Elemente eines zielgerichteten Handlungsaufbaus, des Einfallsreichtums und der Spannung, des Waghalsigen, des Ungewöhnlichen und des Aufregenden.

Vergleichen Sie dies mit dem, was heute im Fernsehen als seriöses Drama durchgeht: Schlaffgesichtige, schwafelnde Charaktere mit leeren Augen und hohlen Köpfen, die selbstbewusst zusammenhangslose Zeilen äußern und die hysterisch in einem Durcheinander aus sinnlosen Ereignissen zappeln, die die Hilflosigkeit, die Einsamkeit die Verkommenheit des Menschen zeigen - was sich alles zu einem Schrei von „Ich konnte nichts dafür" addiert - oder zu rührseligem, kitschigem, gejammertem Mitgefühl für jeden Menschen, der nicht weiß, warum er andere einfach so ermordet - und ab und zu einer abgestandenen Sprechblase mit der Aussage, dass das Leben sinnlos ist.

Dieselbe moderne Gesinnung produziert diese „ausgefeilten" Krimis, die sowohl die Kriminellen als auch die Detektive als zynische, diebische, unterschiedslose Saufkumpane darstellen, mit brutalen Schlägereien als Handlungsersatz. Und es gibt diese seltsamen Mischlinge: „psychologische" Western, die einen Feindseligkeit sublimierenden Sheriff und einen Viehdieb mit einem Ödipuskomplex zeigen. Diese sprechen vielleicht die niedrigsten Elemente der Bevölkerung an, aber sie kommen jedes Jahr und gehen wieder unbemerkt ein. Es sind nicht die Schlägereien, die Verfolgungsjagden oder die Schießereien, mit denen die erfolgreichen Sendungen ihr Publikum Jahr für Jahr fesseln.

The Untouchables ist eine der erfolgreichsten Sendungen und verdient ihren Erfolg völlig zu Recht. Es ist eine zutiefst moralische Sendung. Die Drehbücher, die Schauspieler und die Regie sind ein Meisterwerk an stilisierter Charakterisierung. Diese Sendung erfasst den Kern der Gangsterpsychologie: die Irrationalität, die Hysterie, die ständige Angst und die Panik. Diese Gangster sind weder glamouröse Helden noch unschuldige „Opfer der Gesellschaft"; sie sind verängstigte Ratten. Sie sind verabscheuungswürdig, aber nicht beängstigend, weil sie nicht als mächtig, sondern als verachtenswert dargestellt werden. Kein Kind und kein Erwachsener könnte der Versuchung erliegen, einem Frank Nitti nachzueifern.

Aber Robert Stacks überragende Darstellung von Eliot Ness ist das inspirierendste Bild im heutigen Fernsehen, das einzige Bild eines echten Helden.

Durch die strenge, ernste Verbissenheit seiner Art und durch die kontrollierte Intensität, die ruhige und absolute Verpflichtung zur moralischen Gerechtigkeit seiner Aufgabe, vermittelt Stack die Integrität eines wirklich unangreifbaren Mannes, eines Mannes, den das Böse nicht in Versuchung führt, weil es ihm nichts zu bieten hat - und selbst in Momenten der Niederlage ist sein Selbstvertrauen so absolut, dass er es sich leisten kann, gelassen zu sein. Durch gelegentliche Andeutungen einer verbitterten und geduldigen Erschöpfung zeigt er, dass der Kampf gegen das Böse kein Jux und kein glamouröses Abenteuer ist, sondern ein harter Job und ein Kampf auf Leben und Tod. Und die ständige intensive Aufmerksamkeit seines Verhaltens - das Verhalten eines Mannes, der sich völlig unter Kontrolle hat, und ein Geist, der völlig fokussiert ist - zeigt das Wesen dieses Kampfes: der Intellekt gegen nackte Gewalt.

Vergleichen Sie *The Untouchables* mit der militanten Hirnlosigkeit der heutigen „ernsten" Dramen und fragen Sie sich, wer von beiden einem Menschen eher Hoffnung, Mut und eine Stunde des Auftankens im Kampf gegen den hässlichen Schmutz aus den heutigen Schlagzeilen gibt. Und wenn Sie sich um den moralischen Einfluss auf Kinder sorgen, fragen Sie sich, was den moralischen Charakter eines Kindes wohl eher formt: die Überzeugung, dass Gerechtigkeit, Werte, Kampf und Siege möglich sind und dass es Vorbilder gibt, denen man nacheifern kann - oder die Überzeugung, dass nichts möglich und alles erlaubt ist, dass das Gute, nach dem man sich verzweifelt sehnt, eine Illusion ist, aber das Böse, das einen in Versuchung führt, einem Sympathie bringt, dass niemand etwas dafür kann, was er tut, und dass es keinen Weg aus der unbegreiflichen Angst gibt, mit der man im Leben konfrontiert wird. Was wird seine Seele formen? Was hat Sie vielleicht veranlasst, Ihre zu verleugnen?

Wenn man sich die Tugenden der *Untouchables* ansieht, was verachten und verleumden dann ihre Gegner? Eben ihre Tugenden. Nicht die Verbrecher, sondern den Triumph über die Verbrecher. Nicht die Gewalt, sondern die moralische Absolutheit.

All dies ist Teil der heutigen Revolte gegen den Menschen, gegen den Intellekt, gegen menschlichen Erfolg und vor allem gegen moralische Werte.

5. Ein intellektueller Staatsstreich

15. 7. 1962 - In den dreissiger Jahren warnten die Anhänger des Kapitalismus unser Land, dass der Sozialstaat zwangsläufig zu mehr staatlicher Kontrolle und letztendlich zu einer totalitären Diktatur führen würde. Die Liberalen[1] stritten das vehement ab. Heute, da diese Voraussagen sich als wahr herausstellen, weil die politischen Prinzipien, auf denen sie basieren, sich als richtig herausstellen, lautet die einzige Antwort der Liberalen, dass diese Prinzipien nun irrelevant seien, weil jetzt die 60er-Jahre und nicht die 30er-Jahre sind.

Es ist bemerkenswert, dass Mr. Kennedy eine Rede vor Studenten der Yale University hielt, in der diese Art von Gewäsch als „Denken" und „Realismus" etikettiert wurde. Diese Rede mit ihrem frechen und zynischen Ton war das verzweifelte Betteln eines Mannes, der weiß, dass er keine stichhaltigen Theorien und keine rationalen Antworten oder Argumente anzubieten hat - und der deswegen die Intellektuellen anfleht, den Intellekt aufzugeben.

Mr. Kennedy bat sein Publikum, „Illusionen" wie begriffliches Wissen, Theorien, Prinzipien und Abstraktionen fallen zu lassen, nur die spezifischen Probleme unserer Tage einzeln zu betrachten und nie ein Problem mit anderen in Beziehung zu setzen. Dies bedeutet, die kurzsichtige Denkweise eines Babbits oder eines Wilden anzunehmen, der nicht über den unmittelbaren Moment hinaussieht, der nur unmittelbare Probleme sieht und sie ohne Bezugnahme auf Prinzipien löst - und zwar meistens mit einer Keule.

Nicht einmal die Karikatur eines Babbits könnte einen so giftigen Hass auf den Intellekt darstellen. „Illusionen", „Truismen", „Stereotypen", „Mythen", „Klischees", „Plattitüden", „Parolen", „Etiketten", „Beschwörungen" und „rhetorisch" sind die Begriffe, die Mr. Kennedy benutzt, um - was - zu umschreiben? Da er vermied, es explizit zu benennen, muss man seine gesamte Rede lesen, um den Feind zu ent-

[1] Anmerkung des Übersetzers: Die Verwendung der Begriffe *liberal* und *konservativ* unterscheidet sich im amerikanischen Sprachgebrauch stark von der im Deutschen üblichen Verwendung. Am ehesten kann man sie mit *links* und *rechts* vergleichen, wobei die Bezeichnungen auch innerhalb der beiden großen Parteien verwendet werden.

decken, auf den all dieser Hass ausgeschüttet wird. Der Feind ist Philosophie, Ideologie, sind Prinzipien, Ideen oder jeder Mensch, der sie auf politische Probleme anwendet.

Nein, seine Rede richtete sich nicht gegen eine bestimmte Ideologie, sondern gegen Ideologie an sich. Mr. Kennedy klagte nicht die Unternehmer oder die Republikaner oder die „Konservativen“ an, sondern alle, die hinderliche Prinzipien in den Weg der Regierung legen.

Das Beispiel von Westeuropa zeige, so behauptete er, dass „Regierungen, die technische Probleme ohne ideologische Vorurteile angehen, die Elemente einer Volkswirtschaft koordinieren können, um Wachstum und beispiellosen Wohlstand zu erreichen.“

Was verursacht wirtschaftliches Wachstum? Was ist der Ursprung von Wohlstand? Wie koordiniert man eine Volkswirtschaft? All solche Fragen sind Mr. Kennedy zufolge irrelevant; eine Regierung sollte ungehindert von theoretischem Wissen handeln, herrschen und kontrollieren; Politikwissenschaft und Ökonomie seien „ideologische Vorurteile“.

Als Beispiel für ein spezifisches, praktisches, nicht-ideologisches Problem bot Mr. Kennedy folgendes an: „Wie können wir unsere freie Wirtschaft auf voller Leistung arbeiten lassen – d.h. wie können wir angemessene Profite für Unternehmer, angemessene Löhne für Arbeitnehmer, angemessene Verwendung von Anlagen und angemessene Chancen für alle erreichen?“

Da alle politisch-ökonomischen Prinzipien über Bord geworfen werden sollen, nach welchem Maßstab soll man bestimmen, was „angemessen“ ist? Und wer soll das bestimmen? Das hat Mr. Kennedy uns nicht verraten.

„Was heute in unserer wirtschaftlichen Entscheidung auf dem Spiel steht, ist nicht irgendein großer Krieg rivalisierender Ideologien, sondern das praktische Management der modernen Wirtschaft“, sagte Mr. Kennedy.

In einer Zeit, in der alle Länder der Welt (einschließlich der versklavten) vom Kampf auf Leben und Tod zweier entgegengesetzter Ideologien – Freiheit und Dirigismus – zerrissen werden, erlaubt sich Mr. Kennedy über „irgendeinen großen Krieg rivalisierender Ideologien“ zu spotten. Da er ja wohl nicht meinen kann, dass dieser globale

Konflikt an unserem Land vorübergegangen ist, kann er nur gemeint haben, dass der Konflikt für uns vorbei ist und dass der Dirigismus – eine staatlich kontrollierte Wirtschaft – gewonnen hat.

„Die Unterschiede bestehen heute nur aus Detailfragen", sagte er. „Und wir können unsere heutigen Probleme nicht verstehen und angehen, wenn wir von den traditionellen Etiketten und abgetragenen Parolen einer früheren Zeit gefesselt sind."

Wenn wir keine „Etiketten" benutzen – d.h. wenn wir nie das Wesen verschiedener politischer Systeme identifizieren –, werden wir nicht entdecken, dass wir Dirigismus akzeptieren, oder bemerken, wie das passiert ist.

„Der feste Boden gegenseitigen Vertrauens besteht aus der notwendigen Partnerschaft zwischen dem Staat und allen Sektoren unserer Gesellschaft auf der ständigen Suche nach wirtschaftlichem Fortschritt."

„Partnerschaft" ist ein schäbiger Euphemismus für „staatliche Kontrolle". Es kann keine Partnerschaft zwischen bewaffneten Bürokraten und schutzlosen privaten Bürgern geben, die keine Alternative außer Gehorsam haben.

Staatliche Kontrolle über „alle Sektoren der Gesellschaft" ist der Kernpunkt des Dirigismus in all seinen Formen: Faschismus, Kommunismus, Nazismus, Sozialismus und jeder „Mischökonomie" auf ihrer Rutschbahn in eins der vier Hauptsysteme. „Die Unterschiede bestehen nur aus Detailfragen."

Nein, Mr. Kennedy glaubt nicht, dass dieser ideologische Wandel schon erreicht worden ist. Genau den sollte seine Rede erreichen. Auf der letzten Übergangsstufe dieser fatalen Rutschbahn wird es wichtig, ideologische Diskussionen zum Schweigen zu bringen.

Mr. Kennedys Rede war Teil eines immer offensichtlicher werdenden Versuchs, einen ideologischen Staatsstreich durchzuziehen.

Mr. Kennedy und seine Berater scheinen entschlossen, durch unseren philosophischen und kulturellen Bankrott, durch die Feigheit ihrer Gegner und durch die Unterlassung der sogenannten „Konservativen" abzusahnen, die Grundfragen ausweichen und um triviale Details feilschen. Ein intellektueller Staatsstreich würde daraus bestehen, auf folgende Weise ein Vakuum zu übernehmen: Verändere die

Bedeutung politischer Begriffe bis sie sich in unverständlichem Nebel auflösen – konditioniere die Menschen unterschwellig, die Implikationen der Doktrinen zu akzeptieren, die du nicht explizit zu erklären wagst – und lasse dann alle aufwachen zu einem *fait accompli,* der erstaunten Feststellung: „Tja, alle wissen, dass Freiheit Sklaverei ist und dass Amerikanismus Dirigismus ist."

Das ist anscheinend der Plan. Wer darauf hereinfällt, verdient es. Wer es nicht tut, sollte seinem Protest Gehör verschaffen.

6. Der kalte Bürgerkrieg

22. 7. 1962 - Eine „Mischökonomie" ist eine Gesellschaft, die dabei ist, Selbstmord zu begehen.

Wenn eine Nation nicht halb versklavt und halb frei überleben kann, dann sehen Sie sich den Zustand einer Nation an, in der jede gesellschaftliche Gruppe sowohl Sklave als auch Sklaventreiber jeder anderen Gruppe wird. Fragen Sie sich, wie lange solch ein Zustand anhalten kann und was sein unausweichliches Resultat ist.

Wenn staatliche Kontrollen in eine freie Wirtschaft eingeführt werden, schaffen sie ökonomische Verzerrungen und Probleme, die - wenn die Kontrollen nicht aufgehoben werden - weitere Kontrollen notwendig machen, die noch weitere Kontrollen notwendig machen usw. Somit wird eine Kettenreaktion in Gang gesetzt: Die Opfer suchen Wiedergutmachung, indem den profitierenden Gruppen Kontrollen auferlegt werden, die auf gleiche Weise antworten, in immer größerem Umfang.

Wer angebunden ist, kann kein Rennen laufen gegen jemanden, der frei ist: Er muss entweder fordern, dass seine Fesseln entfernt werden oder dass alle anderen auch gefesselt werden. Wenn man letzteres wählt, verlangsamt sich das ökonomische Rennen zu einem Lauf, dann zu einem Torkeln und dann zu einem Kriechen - und dann brechen alle am Zielpfosten eines sehr alten Ziels zusammen: dem totalitären Staat. Einen Gewinner gibt es dabei nicht - außer dem Staat.

Dies kennt man als „abnehmende Wachstumsrate".

Wir nähern uns dem Höhepunkt dieses Prozesses und können ihn in den Schlagzeilen beobachten. Jede Gruppe zeigt langsam Anzeichen von Panik und fängt an, die Gefahr zu spüren. Aber welche Politik betreiben sie alle?

Als Minister Goldberg während der Tarifverhandlungen in der Stahlindustrie ankündigte, dass die Regierung sich selbst das ausschließliche Recht verliehen habe, bei Tarifverhandlungen „das nationale Interesse zu definieren und festzustellen", protestierten die Gewerkschaften prompt und zu Recht. George Meany [Präsident der A.F.L.-

C.I.O.] erklärte: „Wenn er sagt, dass die Rolle der Regierung darin besteht, das nationale Interesse festzustellen, schränkt er die Rechte der freien Menschen und der freien Gesellschaft ein..." Was war die Antwort der Industrie? Die N.A.M. [National Association of Manufacturers] gab einen vorsichtigen Protest mit folgendem Rat heraus: „Die wahre Lösung besteht darin, den Gewerkschaften und ihrer Monopolmacht gesetzliche Beschränkungen aufzuerlegen."

Anstatt eine Allianz gegen ihren gemeinsamen Feind zu schmieden und zu versuchen, die Ketten der Antitrust-Gesetze zu sprengen, die sie erwürgen, verlangte die Industrie, dass diese Gesetze auf den einzigen mächtigen Konkurrenten ausgeweitet werden sollten, der noch halbfrei ist.

Als die Ärzte ihren verzweifelten Kampf gegen das verstaatlichte Gesundheitswesen begannen, war George Meany bei Mr. Kennedys Zirkus im Madison Square Garden anwesend und leitete den Propagandafeldzug für die Versklavung der Mediziner ein.

Die Gewerkschaften unterstützen „Medicare" und verschwenden anscheinend keinen Gedanken an die Tatsache, dass wenn die akademischen Berufe erst versklavt sind, es für sie selbst keine Möglichkeit mehr geben wird, die Freiheit wiederzuerlangen.

Während die Ärzte einen heldenhaften und bis jetzt erfolgreichen Kampf lieferten (und bewiesen, dass es geht), liegt die Wurzel für zukünftige Niederlagen in ihrem eigenen Lager. Ihre offiziellen Sprecher, z.B. die A.M.A. [American Medical Association] ist fast so vorsichtig auf dem Mittelweg wie die N.A.M. Sie scheinen die Frage ausschließlich als Problem ihres eigenen Berufes anzusehen und vermeiden vorsichtig jede Bezugnahme auf umfassendere politische Prinzipien oder Fragen.

Die einzige Ausnahme dieser Politik ist die Haltung der Ärzte in New Jersey, die sich wie Männer benahmen und erklärten, dass sie nicht mit ihrer eigenen Versklavung kooperieren würden.

Wenn es Repräsentanten der Industrie gab, die ihre Stimmen zur Unterstützung der Ärzte erhoben, so habe ich sie nicht gehört. Was die Presse angeht, so war sie meistens auf Seiten der Regierung.
Als Mr. Kennedy vor einiger Zeit undeutlich und versuchsweise forderte, dass Zeitungen Meldungen zurückhalten sollten, die dem „öf-

fentlichen Interesse" entgegenstünden, waren die Zeitungen alarmiert und sagten offen ihre Meinung über diese Andeutung. Aber als [der F.C.C.-Vorsitzende] Mr. Minow vorschlug, Fernsehen und Radio mittels Lizenzentzug zu zensieren, pries ihn der Großteil der Presse als einen mutigen Vorkämpfer für Kultur und Kunst.

Als Mr. Kennedy die Stahlindustrie ohne jegliche gesetzliche Berechtigung zwang, seinen Wünschen zu gehorchen, indem er drohte, die enorme, zerstörerische, undefinierte und undefinierbare Macht der Antitrust-Gesetze anzuwenden, begriffen viele Leute, einschließlich einige der besseren Liberalen, die autoritäre Natur dieses Vorfalls. Ein Schauer des Entsetzens durchlief das Land und kulminierte im Börsencrash.

Aber hat irgendjemand die Verbesserung, Klarstellung oder Abschaffung der Antitrust-Gesetze gefordert, um die willkürliche Macht des Staates zu eliminieren? Nein. Es liegen verschiedene Gesetzentwürfe vor, diese Macht noch auszuweiten.

So sieht der „kalte Bürgerkrieg" aus, den man Mischökonomie nennt.

Während jede gesellschaftliche Gruppe jede andere zerstört, wartet die Regierung an der Seitenlinie, fördert Günstlingswirtschaft und wächst. Egal wer in einer bestimmten Schlacht verliert, gewinnen kann in diesem Krieg nur die totalitäre Diktatur.

Was wir jetzt brauchen, sind Menschen, die aus der Froschperspektive ihrer unmittelbaren Probleme hinauskommen und zu einer Vogelperspektive der Gesamtsituation kommen. Solche Menschen wären keine Politiker, sondern Staatsmänner. (Der Unterschied liegt in der Fähigkeit, politische Prinzipien zu begreifen.) Sie würden den furchtbaren Preis berechnen, den Günstlingswirtschaft kostet, sie würden die gemeinsame Gefahr sehen und vielleicht einen Prozess einleiten, nicht einander anzuketten, sondern zu deregulieren. Die dirigistischen Bürokraten könnten einer solchen vereinten Front nicht standhalten.

7. Regierung durch Einschüchterung

29. 7. 1962 – „Mit der F.C.C. und dem Kartellamt besitzt die Regierung die gesetzlichen Waffen, um unser Land in einen totalitären Staat zu verwandeln – und wenn die ‚Konservativen' es nicht wissen, so scheint die gegenwärtige Regierung es zu wissen."

Als ich dies in der ersten Ausgabe des *Objectivist Newsletter* im Januar 1962 schrieb, zeigte ich auf, dass dies die zwei gefährlichen Themen sind, die die Vertreter der Freiheit bekämpfen müssen. Ich konnte nicht voraussehen, wie schnell die Regierung auf diesem Weg voranschreiten würde.

Am 15. Juli brachte die *New York Times* einen Artikel mit dem Titel „Antitrust-Ausschuss des Justizministeriums bereitet Untersuchung über Presse und andere Medien vor".

Um das zu verstehen, muss man sich daran erinnern, dass die Antitrust-Gesetze nicht Gesetze im normalen, zivilisierten Sinn des Wortes sind. Sie sind eine Ansammlung von nicht-objektiven, undefinierbaren und rechtswidrigen Vorschriften, die so widersprüchlich und inkonsequent sind, dass sich keine zwei Gerichte über ihre Bedeutung einigen können und jede Handlung für illegal befunden werden kann. Somit hat der Staat die Macht, jeden beliebigen Konzern anzuklagen und zu verurteilen.

Denken Sie darüber nach, was mit der Pressefreiheit passiert, wenn sich diese Schlinge um die Hälse und Schreibmaschinen der Presse zuzieht.

Der Abgeordnete Emanuel Celler ist für die kommende Untersuchung verantwortlich. Die *New York Times* zitiert ihn wie folgt: „Wir sind uns des Ersten Zusatzartikels wohl bewusst. Wir sind uns auch bewusst, dass die Gerichte gesagt haben, dass man zwischen den Geschäftspraktiken und dem Inhalt von Zeitungen unterscheiden kann."

Anscheinend sieht Mr. Celler eine Erklärung seiner *Kenntnis* als ausreichende Treue zur Verfassung an – weil er dann ankündigt, dass die Untersuchung sich mit solchen (nicht-inhaltlichen?) Fragen befassen werde wie „dem Umgang mit Nachrichten und dem Einfluss landesweit vertriebener Kolumnen auf die Sammlung und Präsentation von lokalen Nachrichten".

Mr. Celler wird auch die Tatsache untersuchen, dass in einigen Städten ein Konzern sowohl die Abend- als auch die Morgenzeitung besitzt.

„Wir werden herausfinden, ob die Nachrichten in diesen Städten je nach den Vorurteilen oder den Abneigungen dieser Besitzer voreingenommen sind, und ob die Politik der Herausgeber permanent zu einer Seite tendiert.“ (Eine *nicht-inhaltliche* Frage?)

Bedeutet dies, dass der Besitzer einer Zeitung kein Recht hat, „permanente“ politische Überzeugungen zu haben, und dass eine Zeitung keine „permanente“ Politik betreiben darf? Wenn der Besitzer einer einzelnen Zeitung das Recht auf Redefreiheit hat, verliert er es, wenn er *zwei* Zeitungen besitzt? Wer bestimmt, was „voreingenommen“ ist und welche politischen Ansichten „Vorurteile und Abneigungen“ sind? Die Regierung?

Die einzigen Fusionen, deren Überprüfung Mr. Celler ankündigte, waren die Erwerbungen von S.I. Newhouse und der Hearst-Gruppe. Beide sind weder exakt „liberal“ in ihren politischen Ansichten noch sind sie der gegenwärtigen Regierung übermäßig freundlich gesinnt.

Mr. Celler erklärte auch: „Wir wollen sehen, ob und zu welchem Ausmaß die Kolumnisten durch die Behandlung der Nachrichten des Tages örtliche Talente austrocknen.“

Nun, es ist unbestreitbar, dass die Talente der Schülerzeitung nicht mit national vertriebenen Kolumnisten konkurrieren können.

Hier sehen wir den Kern der Antitrust-Doktrin – in einer so grotesken Form, dass kein Satiriker sich trauen würde, so eine Karikatur anzubieten. Und doch ist es keine Karikatur - es ist die nackte, brutale Wahrheit.

Wenn es richtig ist, Talent der Inkompetenz zu opfern, oder den Erfolg dem Misserfolg, oder Leistung dem Neid; wenn es richtig ist, riesige Industriekonzerne aufzuspalten, weil kleinere Firmen nicht mit ihnen mithalten können – dann ist es richtig, jeden zum Schweigen zu bringen, der ein landesweites Publikum hat, und das Feld zu räumen für die, deren Publikum nie über die Kneipe an der Ecke hinausreichen wird.

Wenn es richtig ist, kleinen Städten die größere Auswahl und die niedrigeren Preise von großen Ketten vorzuenthalten und sie zu zwingen, den kleinen Tante-Emma-Laden zu unterstützen – dann ist es richtig, ihnen jeden Kontakt mit der Nation, allen berühmten Stimmen und allen TV-Netzwerken vorzuenthalten und sie per Gesetz auf Nachrichten vom Flohmarkt und vom Kaffeekränzchen, auf die „Untersuchung" solcher Nachrichten durch Stammtischexperten und auf Dichterlesungen der Liga von Mrs. Worthingtons Töchtern zu beschränken.

Redefreiheit? „Was denn, wir nehmen niemandem seine Redefreiheit, vorausgesetzt dass man ihn nicht über seine Stadt oder seinen Häuserblock hinaus hört" würden die Trust-Busters schreien.

Nein, die Regierung würde keine Zensur einführen; sie müsste es gar nicht. Die Drohung mit Antitrust-Anklagen wäre ausreichend. Wir haben gesehen, was das der Stahlindustrie angetan hat. Herrschaft durch versteckte, unbeweisbare Einschüchterung verlässt sich auf die „freiwillige" Selbstversklavung der Opfer. Das Resultat ist schlimmer als eine zensierte Presse: eine unterwürfige Presse.

Bedenken Sie einen kuriosen Widerspruch: Einerseits preist die Regierung den Start von Telestar als Mittel, die gesamte Welt in einem einzigen globalen Kommunikationsnetzwerk zu vereinen. Andererseits will sie die *nationale* Kommunikation in lokale Atome zersplittern und privaten Individuen verbieten, die Mittel zu erwerben, mit denen sie die Nation ansprechen könnten, und diesen einzelnen Atomen verbieten zu wissen, was der Rest des Landes denkt.

Begreifen Sie die Möglichkeiten?

Präsident Kennedy wird seine Ansprachen über Telestar senden. Wer von uns wird gleich viel Zeit in diesem globalen Medium bekommen? Und wenn wir sie nicht bekommen, wie sollen wir uns Gehör verschaffen? Mittels der Schülerzeitung kann man seine Rechte nicht schützen und auch nicht mit einem solchen Monopol in Wettbewerb treten.

Gentlemen der Presse, wenn überhaupt, dann ist jetzt die Zeit, zu protestieren.

8. Lasst uns in Ruhe!

5. 8. 1962 – Da Wirtschaftswachstum das große Problem unserer Tage ist und unsere gegenwärtige Regierung verspricht, es zu „stimulieren" – allgemeinen Wohlstand zu erreichen durch immer weitere staatliche Kontrollen, während man einen unproduzierten Wohlstand ausgibt –, frage ich mich, wie viele Leute den Ursprung des Begriffes „Laissez-Faire" kennen.

Frankreich war im 17. Jahrhundert eine absolute Monarchie. Sein System wurde beschrieben als „durch Chaos beschränkter Absolutismus". Der König hatte die absolute Macht über jedermanns Leben, Arbeit und Eigentum – und nur durch Korruption hatte man einen inoffiziellen Spielraum.

Ludwig XIV. war der typische Despot: eine prätentiöse Mittelmäßigkeit mit grandiosem Ehrgeiz. Seine Herrschaft wird als eine der herausragendsten Perioden der französischen Geschichte angesehen: Er stattete das Land mit einem „nationalen Ziel" aus, in Form langer und erfolgreicher Kriege; er machte Frankreich zur führenden Macht und zum kulturellen Zentrum Europas. Aber „nationale Ziele" kosten Geld. Die Fiskalpolitik seiner Regierung führte zu einem chronischen Krisenzustand, der durch ein uraltes Mittel gelöst wurde: Das Land wurde durch immer höhere Steuern ausgeblutet.

Colbert, der Chefberater von Ludwig XIV., war einer der frühen modernen Dirigisten. Er glaubte, dass staatliche Regulierungen nationalen Wohlstand schaffen könnten und dass man nur durch das „Wirtschaftswachstum" des Landes ein höheres Steueraufkommen bekommen könne; also widmete er sich dem „allgemeinen Anstieg des Wohlstands durch die Förderung der Industrie". Diese Förderung bestand aus der Einführung zahlloser staatlicher Kontrollen und genauer Vorschriften, die die Geschäftsaktivität abwürgten. Das Resultat war ein totaler Fehlschlag.

Colbert war kein Feind der Industrie; jedenfalls nicht mehr als unsere gegenwärtige Regierung. Colbert war erpicht darauf, das Opfertier zu mästen, und bei einer historischen Gelegenheit fragte er eine

Gruppe von Produzenten, was er denn für die Industrie tun könne. Ein Produzent namens Legendre antwortete: „Laissez-nous faire!" („Lassen Sie uns in Ruhe!")

Anscheinend hatten die Unternehmer des 17. Jahrhunderts mehr Courage und ein besseres Verständnis für Wirtschaft als ihre amerikanischen Kollegen des 20. Jahrhunderts. Sie wussten, dass staatliche „Hilfe" für die Industrie ebenso katastrophal wie staatliche Verfolgung ist und dass der Staat dem nationalen Wohlstand nur helfen kann, wenn er seine Finger davon lässt.

Zu sagen, dass das, was im 17. Jahrhundert stimmte, heute nicht mehr stimmt, weil wir nicht mehr in Pferdekutschen, sondern in Düsenflugzeugen reisen, ist so, als ob man sagte, dass wir heute keine Nahrung mehr brauchen wie die Menschen damals, weil wir Trenchcoats und Jeans statt gepuderter Perücken und Reifröcke tragen. Diese Art von gegenständlich denkender Oberflächlichkeit – diese Unfähigkeit, Prinzipien zu verstehen und das Wesentliche vom Unwesentlichen zu unterscheiden – macht die Menschen für die Tatsache blind, dass die Wirtschaftskrise unserer Tage die älteste und abgestandenste der Geschichte ist.

Betrachten Sie das Wesentliche. Wenn staatliche Kontrolle in einem vorindustriellen Zeitalter nur Lähmung, Hunger und den totalen Zusammenbruch erreichen konnte – was passiert, wenn man einer hoch industrialisierten Volkswirtschaft Kontrollen aufdrückt? Was ist für Bürokraten leichter zu regulieren: Handwebstühle und Handschmelzöfen – oder Stahlwerke, Flugzeugwerke und Elektrokonzerne? Wer arbeitet wahrscheinlich eher unter Zwang: eine Horde Menschen, die ungelernte Handarbeit verrichtet, oder die unberechenbare Anzahl individueller Menschen mit kreativem Schöpfergeist, die für die Errichtung und Aufrechterhaltung einer industriellen Zivilisation erforderlich sind?

Wohlstand muss ungeachtet der Ziele, für die man ihn benutzen will, zuerst produziert werden. Wirtschaftlich gesehen gibt es zwischen den Motiven von Colbert und Präsident Kennedy keinen Unterschied. Beide wollten nationalen Wohlstand. Ob der durch Steuern enteignete Wohlstand zum unverdienten Wohl von Ludwig XIV. oder zum unverdienten Wohl der „Unterprivilegierten" abgeschöpft wird, macht für die wirtschaftliche Produktivität eines Landes keinen Unterschied. Ob man für einen „edlen" oder einen unedlen Zweck angekettet ist, ob zum Wohl der Armen oder der Reichen, ob zugunsten von „Gier" oder „Bedürftigkeit" - wenn man angekettet ist, kann man nicht produzieren.

Es gibt keinen Unterschied zwischen den letztendlichen Schicksalen aller angeketteten Volkswirtschaften, ungeachtet aller angeblichen Rechtfertigungen für die Ketten.

Betrachten Sie einige dieser Rechtfertigungen:

Die Schaffung von „Inlandsnachfrage"? Es wäre interessant auszurechnen, wie viele Hausfrauen mit Sozialhilfe die „Inlandsnachfrage" von Madame de Maintenon und ihrer zahllosen Kolleginnen ausmachen würden.

Eine „faire" Umverteilung von Wohlstand? Die privilegierten Favoritinnen von Ludwig XIV. genossen keinen so unfairen Vorteil über andere Menschen wie unsere „Aristokratie der Beziehungen", die wirklichen und potentiellen Varianten von Billie Sol Estes oder Bobby Baker.

Die Erfordernisse des „nationalen Interesses"? Wenn es so etwas wie das „nationale Interesse" gibt, das durch die Opferung der Rechte und der Interessen von Individuen erreicht wird, dann hat Ludwig XIV. einen Freispruch erster Klasse erreicht. Der größte Teil seiner Extravaganzen war nicht „egoistisch": Er baute Frankreich zu einer Großmacht aus - und ruinierte die Wirtschaft, d.h. er erlangte „Prestige" bei anderen totalitären Herrschern - zum Preis des Wohlergehens, der Zukunft und der Leben seiner Untertanen.

Die Förderung unseres „kulturellen" oder „geistigen" Fortschritts? Es ist zweifelhaft, ob ein staatlich subventioniertes Theaterprojekt jemals die Menge an Genialität produzieren wird wie die am Hofe Ludwigs XIV. in seiner Rolle als „Patron des Arts" (Corneille, Racine, Molière usw.). Aber niemand wird je errechnen können, wie viele Genies unter einem solchen System verenden, wenn sie nicht die Kunst des Stiefelleckens lernen, die ein politischer Patron des Arts braucht. (Lesen Sie *Cyrano de Bergerac!)*

Tatsache ist, dass Absichten keine Tatsachen verändern. Am Wichtigsten für die Produktivität einer Nation ist Freiheit; Menschen können nicht unter Zwang und Kontrollen produzieren - und moralisch gesehen werden sie es auch nicht.

Die wirtschaftlichen Probleme von heute sind weder neu noch mysteriös. Genau wie Colbert fragt Präsident Kennedy die verschiedenen ökonomischen Gruppen um Rat, was er für sie tun könne. Und wenn er nicht mit einem Zeugnis ähnlich dem Colberts in die Geschichte eingehen möchte, täte er gut daran, die Stimme eines modernen Legendre zu hören, der ihm, wenn es ihn gäbe, denselben unsterblichen Rat geben würde: „Deregulieren!"

9. Nur mal angenommen

12. 8. 1962 - Wäre es nicht wundervoll, wenn wir eine Oppositionspartei hätten, die die diesjährigen Wahlen wirklich gewinnen wollte? Man muss seine Phantasie schon sehr weit anstrengen, um zu hoffen, dass die Republikaner gerne gewinnen würden. Also nennen wir sie Partei X und lassen Sie uns spekulieren, was eine solche Partei tun würde.

Partei X wäre gegen Dirigismus und würde eine freie Marktwirtschaft vertreten. Aber sie würde wissen, dass man von niemandem Unterstützung bekommen kann, indem man diese Parole wiederholt, bis sie sich in eine abgestandene Plattitüde verwandelt - und gleichzeitig jeden Schritt der zunehmenden staatlichen Kontrollen mitgeht und gutheißt.

Partei X wüsste, dass Opposition nicht daraus besteht, den Wählern zu erklären: „Die Regierung plant, die Schlinge um euren Hals zuzuziehen, bis ihr erstickt. Wir aber lieben die Freiheit - also ziehen wir sie nur ein bisschen zu."

Partei X würde nicht als Paradebeispiel für ihre Gegner dienen, wenn sie beklagt, dass ständiges Abkupfern keine Lösung für die Probleme des Landes darstellt. Sie würde den Wählern auf dem Prinzip der freien Marktwirtschaft basierende konkrete Lösungen und spezifische Vorschläge unterbreiten. Die Gelegenheiten dafür sind zahllos, und Partei X würde sie sich nicht entgehen lassen.

Als Beispiel: Präsident Kennedy hat angekündigt, dass er das Scheitern von „Medicare" zum Wahlkampfthema machen wolle. Er erklärte, dass dies „eine schlimme Niederlage für jede amerikanische Familie" sei, nicht bloß für die Alten, sondern „für alle Amerikaner, alle Kinder und pflegebedürftige Eltern, alle Mütter und Väter zwischen 30 und 40".

Partei X würde eine solche Provokation nicht unbeantwortet lassen. Sie würde verlangen zu erfahren, warum man diesen Familien, die einen Großteil der Lasten des Sozialstaates tragen, keine Steuerfreiheit für die Ausgaben gewährt, die sie für die Ausbildung ihrer

Kinder aufbringen. Und genau das würde Partei X ihren Wählern anbieten: Steuerfreiheit für die Bildungsausgaben aller Bürger.

Partei X würde erklären, dass wenn das Motiv eines Politikers Sorge um die Rechte und Probleme der individuellen Bürger wäre (und nicht der Wunsch, ihre Notlage als Vorwand zur Ausweitung seiner Macht zu benutzen), die empörende Steuersituation von heute nicht existieren könnte.

Einerseits wird Bildung als das wichtigste Bedürfnis des Landes gepriesen, und die Regierung hat vor, Millionen an Steuergeldern für das sogenannte „Ausbildungshilfe-Programm" auszugeben. Andererseits kann die große Mehrheit der hart arbeitenden Familien, aus denen diese Steuern herausgepresst werden, es sich nicht oder nur zum Preis echter Härten leisten, ihren Kindern eine College-Ausbildung zukommen zu lassen – und doch erlaubt man ihnen nicht, diese Bildungsausgaben von der Steuer abzusetzen.

Einerseits bekundet die Regierung Sorge um die jungen Schulabbrecher, die sich ihre Ausbildung nicht mehr leisten können. Andererseits werden die Leute, die nebenher arbeiten, gezwungen, von ihren jämmerlich niedrigen Löhnen auch noch Steuern zu zahlen, obwohl sie sich durch eigene Anstrengung auf eine produktive Karriere vorbereiten.

Einerseits hat die Regierung gerade ein Gesetz verabschiedet, das Millionen an Steuergeldern für die Qualifizierung von Arbeitern ausgibt. Sehen Sie sich andererseits die Abendschulen an, wo Erwachsene aller Altersschichten nach einem langen Arbeitstag ein Studium anstreben und willens sind, 8 Jahre für einen Vierjahreskurs zuzubringen – und Sie werden das Gefühl haben müssen, dass die Steuern, die sie bezahlen, wirklich Blutgeld sind.

Partei X hätte den Mut, diese schutzlosen Opfer zu verteidigen: alle, die sich selbst finanzieren.

Sie würde fordern, dass a.) die Bildungsausgaben aller Bürger steuerlich absetzbar sein müssen und b.) man das Geld, das man für die Ausbildung eines Individuums seiner Wahl ausgibt, von der Steuer absetzen kann.

Mit dem Wissen, dass weniger Steuereinnahmen von einer dementsprechenden Kürzung der Staatsausgaben begleitet werden müssten, würde Partei X die Kosten berechnen und bestimmte staatliche Projekte benennen, die sie abschaffen würde.

Wenn das Land einige konkrete Details hören würde, wofür diese Steuern ausgegeben werden - wie z.B. die Skandale einiger ausländischer Lobbys -, würde jeder außer einem totalitären Dirigisten empört aufschreien.

Partei X würde ein Beispiel für die schrittweise Lockerung der Steuerlast setzen - zu einer Zeit, da sowohl die Industrie als auch die Gewerkschaften langsam merken, dass man eine zusammenbrechende Wirtschaft am besten dadurch rettet, den Leuten mehr von dem Geld, das sie verdient haben, in der Tasche zu lassen.

So sähen die Antworten von Partei X auf einige aktuelle Probleme heute aus. Sie würde der Bildung helfen, die „Aussteiger" zurück auf die Schulbank schicken und durch die so freigewordenen Stellen die Arbeitslosigkeit abbauen.

Dies ist nur ein Beispiel aus den zahllosen Möglichkeiten für eine Partei, die den neuen Trend in Richtung Freiheit bemerken und ihr Schrittmacher werden würde.

Partei X würde wissen, dass sie mit solch einem Programm die Unterstützung der größten „Interessengruppe" hinter sich bringen würde: der Mittelklasse - die produktiven, arbeitenden Menschen, die nie als Interessengruppe organisiert wurden, weil genau sie die Kosten für all diese dirigistischen Programme tragen - und ihre Interessen können nur durch eine echte Marktwirtschaftspartei geschützt werden, wenn es sie denn gäbe.

Es gibt keine Partei X. Aber es gibt vielleicht einige praktische Politiker unter den Republikanern, die vielleicht merken, dass ein solcher Standpunkt gewinnen würde. Und vielleicht gibt es sogar ein paar Idealisten, denen es wichtig wäre, dass er auch das Land retten würde.

10. Durch Eure schlimmste Sünde

19. 8. 1962 – Der Tod von Marilyn Monroe schockierte die Öffentlichkeit mit einer Heftigkeit, die anders war, als die Reaktion auf den Tod irgendeines anderen Filmstars oder jeder anderen öffentlichen Person. Auf der ganzen Welt fühlten Menschen eine seltsame persönliche Betroffenheit und einen ungläubigen Protest. „Oh nein!" lautete ihr allgemeiner Aufschrei.

Sie spürten, dass ihr Tod eine besondere Bedeutung hatte, fast wie eine Warnung, die sie nicht entziffern konnten – und sie spürten eine namenlose Besorgnis, das Gefühl, dass irgendetwas Fürchterliches mitspielte.

Marilyn Monroe war auf der Leinwand ein Bild aus reiner, unschuldiger, kindlicher Lebensfreude. Sie strahlte das Gefühl einer Person aus, die in einer strahlenden, von Leid unberührten Utopie geboren und aufgewachsen war; die unfähig war, sich Hässlichkeit oder Böses vorzustellen; die das Leben mit dem Selbstvertrauen, der Gutmütigkeit und der freudigen Selbstdarstellung eines Kindes oder eines Kätzchens ansah, das froh ist, der Welt als schönstes Geschenk die eigene Attraktivität zu zeigen, und erwartet, dafür nicht verletzt, sondern bewundert zu werden.

Im wirklichen Leben war Marilyn Monroes Selbstmord – oder schlimmer: ein Tod, der ein Unfall hätte sein können und der andeutete, dass es für sie keinen Unterschied machte – eine Deklaration, dass wir in einer Welt leben, die es für ihren Geist und die Dinge, die er repräsentiert, unmöglich macht, zu überleben.

Wenn es je ein Opfer der Gesellschaft gegeben hat – einer Gesellschaft, die ihre Verpflichtung zur Linderung von Leid bekundet, aber die Glücklichen tötet –, dann war Marilyn Monroe dieses Opfer.

Jene zärtlich umsorgten Objekte der Menschenfreunde, die jugendlichen Straftäter, haben keine so schmutzige und schlimme Kindheit gehabt wie Marilyn Monroe.

Jene zu überleben und sich die Geisteshaltung zu bewahren, die sie auf der Leinwand ausstrahlte – das strahlende, gutmütige Lebensgefühl, das man nicht vortäuschen kann –, war eine fast undenkbare und unglaublich heldenhafte psychologische Leistung. Welche Narben ihre Vergangenheit auch immer hinterlassen hatte, so waren sie vergleichsweise unbedeutend.

Marilyn Monroe bewahrte sich ihre Vision trotz eines alptraumhaften Kampfes und kämpfte sich ihren Weg an die Spitze. Was sie zerbrach, war die Entdeckung, dass auch an der Spitze das Böse lauerte, das sie einst hinter sich gelassen hatte – und dort vielleicht schlimmer war, weil es unbegreiflich war. Sie hatte erwartet, das Sonnenlicht zu erreichen; stattdessen fand sie einen unendlichen Sumpf aus Bosheit.

Es war eine besondere Bosheit. Wenn Sie sehen wollen, wie sie sich bemühte, sie zu verstehen, lesen Sie den bemerkenswerten Artikel in [der August-Ausgabe von] *Life*. Es ist nicht wirklich ein Artikel, es ist eine Niederschrift ihrer eigenen Worte – und das tragischste Dokument, das seit Jahren veröffentlicht wurde. Es ist ein Hilferuf, der zu spät kam, um noch beantwortet zu werden.

„Wenn du berühmt bist, dann begegnest du der menschlichen Natur auf irgendwie schmerzhafte Weise", sagte sie. „Er schürt Neid, der Ruhm. Menschen, denen du begegnest, haben das Gefühl, dass, tja, wer ist die denn? Was glaubt die denn, wer sie ist – Marilyn Monroe? Sie haben das Gefühl, dass Ruhm ihnen irgendwie das Privileg gibt, dir alles Mögliche an den Kopf zu werfen, alles nur Denkbare – und dass es dich nicht verletzen würde – als ob man es sich von der Kleidung abwischen könnte... Ich verstehe nicht, warum die Menschen nicht ein bisschen großzügiger miteinander umgehen. Ich sage das nicht gerne, aber ich fürchte, dass es eine Menge Neid in diesem Geschäft gibt."

„Neid" ist der einzige Name, den sie diesem monströsen Ding geben konnte, dem sie sich gegenübersah. Aber es war etwas Schlimmeres als Neid: Es war der tiefe Hass auf das Leben, auf Erfolg und auf alle menschlichen Werte, den eine bestimmte Art von Mittelmäßigkeit empfindet – die sich freut, wenn sie vom Unglück eines anderen hört. Es war Hass auf das Gute, weil es das Gute ist – Hass auf Talent, auf Schönheit, auf Ehrlichkeit, auf Ernsthaftigkeit, auf Leistung und vor allem auf menschliche Freude.

Lesen Sie den Artikel in *Life,* um zu sehen, wie sich das auswirkt und was es ihr angetan hat - ein eifriges Kind, das wegen seines Eifers getadelt wurde: „Manchmal hatten die [Pflege-] Familien Angst um mich, weil ich so laut und fröhlich lachte; ich glaube, sie dachten, ich sei hysterisch."

Ein spektakulär erfolgreicher Star, dessen Arbeitgeber immer wiederholten: „Denk dran, du bist kein Star!", damit sie nicht ihre eigene Bedeutung entdeckt.

Eine brillant talentierte Schauspielerin, die von angeblichen Autoritäten, von Hollywood und von der Presse erzählt bekam, dass sie nicht schauspielern könne.

Eine Schauspielerin, die sich ihrer Kunst mit leidenschaftlicher Ernsthaftigkeit verpflichtet fühlte: „Als ich fünf war - ich denke damals wollte ich bereits Schauspielerin werden -, liebte ich es. Ich konnte die Welt um mich herum nicht leiden, weil sie irgendwie trostlos war, aber ich spielte so gerne. Man konnte seine eigenen Grenzen ziehen"; die durch die Hölle ging, um ihre eigenen Grenzen zu ziehen. „Wenn man schauspielert, dann ist es fast so, als wenn man Geheimnisse hätte, die man der ganzen Welt für einen Moment lang mitteilt" - aber sie wurde für ihren Wunsch, ernste Rollen zu spielen, ausgelacht.

Eine Frau - die einzige, die in der Lage war, die glühende, unschuldige Sexualität eines Wesens von einem Planeten darzustellen, der von Schuld unberührt war; die sich selbst in der Rolle eines Sexsymbols wiederfand und noch den Mut hatte, zu erklären: „Wir werden, Gott sei Dank, alle als sexuelle Geschöpfe geboren, und es ist eine Schande, dass so viele Menschen dieses Geschenk der Natur verachten."

Ein fröhliches Kind, das seine Leistung der Welt anbot, mit dem Stolz echter Größe und dem Stolz eines Kätzchens, das einem eine Jagdtrophäe zu Füßen legt; das sich von Anstrengungen überschüttet fand, seine Leistung abzustreiten, auszulachen, zu degradieren, zu beleidigen und zu zerstören; ein Kind das unfähig war, sich vorzustellen, dass es nicht für sein Schlechtestes, sondern für sein Bestes bestraft wurde, das nur fühlen konnte, dass es sich einem unaussprechlichen Grauen gegenübersah.

Wie lange, denken Sie, kann ein menschliches Wesen das aushalten?

Den Hass auf Werte haben einige Menschen immer gefühlt, in jeder Zeit und in jeder Kultur. Aber vor hundert Jahren hätte man von ihnen erwartet, ihn zu verstecken. Heute ist er überall um uns herum; er ist der Stil und die Mode unseres Jahrhunderts.

Wo würde ein deprimierter Geist sich davon erholen können?

Das Böse einer kulturellen Atmosphäre wird von all jenen gemacht, die es teilen. Jeder, der das Gute hasst, weil es das Gute ist und es geäußert hat, ist der Mörder von Marilyn Monroe.

11. Ein offener Brief an meine Leser

26. 8. 1962 – In seiner Kolumne vom 29. Juli bemerkte Mr. Nick B. Williams, der Herausgeber der *Los Angeles Times*, er werde mit Briefen über meine Kolumne überschüttet und dass „Miss Rand eindeutig das Rennen macht".

Ich möchte allen danken, die mir ihre Unterstützung ausgesprochen haben. Obwohl meine Anerkennung in einer „kollektiven" Form ausgedrückt werden muss, spreche ich jeden von Ihnen individuell an.

Sie haben mir geholfen, einmal mehr meine Überzeugung zu beweisen, die heute von den wenigsten „Intellektuellen" geteilt wird, nämlich dass die Allgemeinheit *doch* nachdenkt.

Von Anfang an war die am schwierigsten zu bekämpfende Frage – schwieriger als die Opposition der diversen Linken – die blinde, hasserfüllte Halsstarrigkeit derer, die mir erzählten, dass meine Arbeit zu intellektuell sei und dass „die Allgemeinheit nicht nachdenkt". Ich habe das von Menschen in allen Medien gehört: von Theater-, Fernseh- und Radioproduzenten, Verlegern, Zeitungsleuten, Professoren und Politikern.

Es gibt viele verschiedene Gründe für ihre Haltung – einige sind unschuldig, andere nicht. Der unschuldige Fehler kommt aus der Verbitterung derer, die zu viele Beispiele für menschliche Irrationalität gesehen haben. Schuldig hingegen sind die, die „die Allgemeinheit" als Entschuldigung für ihren eigenen schlechten Geschmack und ihr schlechtes Urteilsvermögen vorschützen.

Nein, die Allgemeinheit hat nicht immer Recht. „Die Allgemeinheit" ist nur eine Anzahl von Individuen, und jedes Individuum kann recht haben oder auch nicht. Aber nichts ist verachtenswerter als die Bereitschaft, menschlicher Dummheit Vorschub zu leisten und menschliche Intelligenz zu ignorieren, egal welches von beidem zu einer bestimmten Zeit zahlenmäßig überlegen ist.

Seit Jahren sage ich, dass die Allgemeinheit viel intelligenter ist als ihre angeblichen Anführer es ihr zutrauen; dass Ideen den Menschen wichtig sind und sie verzweifelt nach einer Stimme der Vernunft suchen; dass nur Vernunft funktionieren kann, wenn auch nicht immer sofort; und dass der Beweis dafür in der Tatsache liegt, dass keine Diktatur ohne Zensur bestehen kann - weil Wahrheit und Vernunft auf einem freien Markt der Ideen immer gewinnen werden.

Vielen Dank für eine erneute Demonstration dieser Tatsache.

Ich habe viele Briefe bekommen, die sich nach dem Objektivismus erkundigen - und mehr Fragen, als ich per Post beantworten kann. Ich richte mich an alle, die wirklich und ernsthaft an Ideen interessiert sind und die deswegen ein authentisches Interesse haben, den Objektivismus zu verstehen. „Wer sich bemüht, mich nicht zu verstehen, kümmert mich nicht."

[Miss Rand verweist dann auf Kurse und andere Materialien über ihre Philosophie, die es seinerzeit gab. Sie schließt mit den folgenden Bemerkungen über die, die ihre Ideen falsch darstellen.]

Einige der falschen Darstellungen mögen unabsichtlich sein, da einige Leute es schwierig finden, neue Ideen zu begreifen, ganz davon abgesehen, sie korrekt wiederzugeben. Aber die meisten Falschdarstellungen sind absichtlich, da ein Versuch, einem Schriftsteller das genaue Gegenteil seiner Ideen zuzuschreiben, kaum als unschuldiger Fehler angesehen werden kann. Es gibt viele solche Versuche, und einige von ihnen sind noch recht aktuell. Wer sie glaubt, verdient sie.

Mike Wallace fragte mich einmal in einem Fernsehinterview, was ich von solchen Taktiken hielte. Ich sagte, dass ich einer Zeile aus Kiplings Gedicht „*Wenn...*" zustimme:

„Wenn du die Worte, die du mal gesprochen, aus Narrenmäulern umgedreht vernimmst...", dann macht mir das nichts. Es sind nicht die Narren, die ich ansprechen will.

12. *Mickey Spillane*

2. 9. 1962 - Mickey Spillane ist einer der besten Schriftsteller unserer Zeit. Er hat eine riesige Fan-Gemeinde - aber keinerlei Anerkennung. Er ist ein Maßstab für den Abgrund zwischen der Öffentlichkeit und ihren angeblichen Sprechern.

Da er der Populärste ist, hat er die bösartigste Ungerechtigkeit von Seiten der „Intellektuellen" zu ertragen - was ein Hinweis auf deren Psychologie und den Zustand unserer Kultur ist. Genau wie die *„Untouchables"* und jeder herausragende Exponent der romantischen Kunst ist er Opfer einer umfangreichen Kampagne von Verleumdungen, Angriffen und Anschuldigungen - nicht wegen seiner Fehler, sondern wegen seiner Errungenschaften, nicht wegen seiner Laster, sondern wegen seiner künstlerischen Tugenden.

Die meisten der heutigen „Intellektuellen" - die dirigistischen Kollektivisten, die Anbeter der „Massen", die Diener des „Volkes" - lehnen die Maßstäbe des Volkes und jeden authentischen, populären Wert in der Kunst verbissen ab.

Sie hassen jede Darstellung des Menschen als sauberes, selbstvertrautes, erfolgreiches Wesen. Sie preisen Verkommenheit und genießen den Anblick des Menschen, der sich selbst ins Gesicht spuckt. Ihr tiefster Hass (und ihre Angst) richtet sich auf alle moralischen Werte. Das beste Symbol für ihr Weltbild ist die humorig behandelte Geschichte eines Professors mittleren Alters, der ein zwölfjähriges Mädchen verführt.

Es ist absurd, dass dieselben Ästheten, die diese Obszönität als „erwachsen" und „künstlerisch" preisen, sich über den „unmoralischen" Einfluss von Mickey Spillane ereifern.

Sie behaupten, dass „Sex und Gewalt" die Ursache seiner Popularität seien. Wofür sie ihn hassen, ist die Tatsache, dass Mickey Spillane ein unnachgiebiger moralischer Kämpfer ist.

Detektivgeschichten präsentieren die einfachen, primitiven Kernpunkte des Konflikts zwischen Gut und Böse; daraus begründet sich ihre Attraktivität. Mickey Spillane ist ein moralischer Absolutist. Seine Charakterisierungen sind exzellent und in Schwarz und Weiß gezeichnet; es gibt keine schlüpfrigen Halbtöne, keine feigen Ausflüchte und keinen Zynismus - und kein Verzeihen; es gibt keinen Zweifel über die Bösartigkeit des Bösen.

Spillanes Lebensanschauung hat ein starkes Element aus tragischer Verbitterung: Er entwirft ein Bild, dass das Böse mächtig ist (eine Sicht, die ich nicht teile), aber dass der Mensch die Fähigkeit hat, es zu bekämpfen und dass Zugeständnisse oder Kompromisse moralisch undenkbar oder unmöglich sind (dem ich zustimme). Sein Held, Mike Hammer, ist ein moralischer Rächer und leidenschaftlich der Gerechtigkeit, der Verteidigung der Opfer und der Zerstörung des Bösen verpflichtet.

Diese bittere, aber intensiv moralistische Lebensanschauung ist der Schlüssel zum Geheimnis von Mickey Spillanes unvergleichlicher Popularität. Er ist die wahre Stimme des Volkes im 20. Jahrhundert. Überall fühlen sich Menschen von der Verbreitung eines unbekämpften, unbegreiflichen Bösen in die Enge getrieben. Sie haben so viel Ungerechtigkeit, so viele gleichgültige Zyniker ertragen und so viel frustrierte Empörung aufgestaut, dass das Bild von Mike Hammer ihr verkörperter Traum wird, wie eine Antwort auf einen Hilfeschrei, für den ihnen die Worte fehlen.

Als Schriftsteller hat Mickey Spillane ein brillantes literarisches Talent. Nur wenige moderne Schriftsteller kommen an seine Originalität, seine Phantasie, sein Gefühl für Dramatik und die Genialität seiner Plots heran. Sein Stil ist ungeschliffen und noch nicht vollständig diszipliniert, aber seine besten Abschnitte sind literarisch den Arbeiten der meisten sogenannten „ernsten" Schriftsteller überlegen.

All diese Werte kann man wieder in *Die Mädchenjäger* genießen – im neuen Roman von Mickey Spillane, der Mike Hammer nach 10 Jahren Abwesenheit wieder zurückbringt. Er erscheint am 27. September.

Man erwartet das Unerwartete von Mickey Spillane - und man bekommt es. Die Geschichte eröffnet mit einem Mike Hammer, der als Alkoholiker unter dem Druck von Selbstvorwürfen für eine tragische Katastrophe zerbrochen ist. Was sie verursacht hat und was ihn wieder zurückbringt, werden Sie selbst herausfinden müssen.

Obwohl schön geschrieben und extrem dramatisch, so ist Mike Hammer als Taugenichts irgendwie unpassend (und hier ist ein Bewunderer von Mike, der dagegen Einspruch erhebt) - aber seine Genesung ist glücklicherweise ziemlich fix. Es ist auch für Mickey Spillane ziemlich unpassend, dass er Mike ständig daran erinnert, dass er nicht mehr das ist, was er mal war - weil er es noch ist. Sie sind es beide. Die alte Vitalität, die Energie, der Schwung und die Spannung kommen durch, fast trotz der Absicht des Autors. Ich wünschte fast, Mike würde Mickey sagen, dass man viel schlechter sein muss als Mickey, um Mike Hammer unterzukriegen.

„Die Mädchenjäger" entspricht nicht ganz dem Standard von Spillanes besten Romanen *„Comeback eines Mörders"* und *„Menschenjagd in Manhattan"*. Er wird getrübt von einem seltsam unschlüssigen Ende nach brillant aufrechterhaltener Spannung. Das Geheimnis wird gelöst, aber die Geschichte wird dramatisch gesehen nicht komplett vollendet; sie scheint nach einer Fortsetzung zu rufen - und wenn das die Intention des Autors war, dann hat sie das Interesse des Lesers erfolgreich geweckt.

Es liegt etwas Reifes in diesem Roman, was sowohl eine Tugend als auch ein Fehler ist. Es ist eine Tugend in Bezug auf Spillanes Stil, der geschliffener und disziplinierter ist. Es ist ein Fehler hinsichtlich einer bestimmten Verbitterung: eine etwas zu große Beschäftigung mit der Psychologie des Hasses, eine winzige Abschwächung des abenteuerlichen Genusses.

„Reife" ist auf Spillane angewendet ein etwas störender Begriff. Reife in der Technik ist immer von Wert. Aber Reife im Geiste kann viele Bedeutungen haben, und einige davon sind nicht wünschenswert. Und im Geiste - im Lebensgefühl, das sie geschaffen haben, in ihrer überschwänglichen Energie, im spontanen Enthusiasmus, den sie darstellen und hervorbringen, sollten sowohl Mike Hammer als auch Mickey Spillane ewig jung bleiben.

13. Das sterbende Opfer von Berlin

9. 9. 1962 – Wer nicht versteht, durch welchen Prozess der Altruismus die Welt zerstört, kann ihn im schändlichen Alptraum von Amerikas Außenpolitik beobachten.

Wir zapfen unsere Lebenskraft – unsere wirtschaftliche Leistungsfähigkeit – auf dem Opferaltar der globalen Bedürftigkeit ab und verlangen keinerlei Gegenleistung. Angeblich wollen wir die Freundschaft anderer Nationen gewinnen. Aber wir verraten befreundete Nationen, die uns trauen, zerstören die Empfänger unserer Hilfe und liefern die Welt der Macht des Bösen aus, das wir bekämpfen wollen.

Wir proklamieren, dass es unsere Pflicht sei, einen weltweiten Feldzug gegen den Kommunismus zu führen – und wir zerstören sein einziges Gegenteil, das einzige System, das ihn bekämpfen kann: unser eigenes.

Dies ist der Kernpunkt des Altruismus: Das erste Opfer, das er von einem Menschen oder einer Nation verlangt, ist die Aufgabe der eigenen Selbstachtung.

Präsident Kennedy machte es vor kurzem in einem Interview mit einer Gruppe brasilianischer Studenten klar, dass wir der Welt keine Richtung, keine politischen Prinzipien, keine Ideale und keine Ziele anzubieten hätten. Er erklärte, dass Sozialismus für uns so akzeptabel sei wie jedes andere System. „Wenn Sie mit Sozialismus den Besitz der Produktionsmittel meinen, so ist das eine Entscheidung, die Sie selbst treffen müssen... Wir ziehen die Wettbewerbsökonomie vor... Vielleicht entscheiden Sie, dass Sie einen anderen Weg einschlagen wollen. Wir würden das akzeptieren, solange es eine freie Entscheidung widerspiegelt."

Ich zitiere zwei Definitionen aus dem *American College Dictionary*:

„Kommunismus – Theorie oder System gesellschaftlicher Ordnung, basierend auf dem Allgemeinbesitz sämtlichen Eigentums, wobei Besitz faktisch der Gemeinschaft oder dem Staat zugeschrieben wird.

Sozialismus - Theorie oder System gesellschaftlicher Ordnung, die Besitz und Kontrolle der Produktionsmittel (Kapital, Land usw.) in der Gesellschaft als Ganzes vertritt."

Ist es das, wofür wir kämpfen, opfern und sterben sollen?

Es gibt keinen Unterschied zwischen Kommunismus und Sozialismus, außer in den Mitteln zur Erreichung desselben Ziels: Kommunismus will den Menschen durch Gewalt versklaven, Sozialismus durch Abstimmung. Der Unterschied ist der zwischen Mord und Selbstmord.

Das einzigartige, spezifisch amerikanische politische Prinzip waren die Menschenrechte - nicht die Rechte des Mobs.

Das auf den Rechten des Individuums basierende amerikanische System war der Kapitalismus. Freiheit, Fortschritt, Wohlstand und alle anderen Werte einer zivilen Gesellschaft waren das Produkt des Kapitalismus und haben nie in irgendeinem anderen System existiert (und könnten dort nicht aufrechterhalten werden).

Aber unsere dirigistisch-kollektivistischen Intellektuellen lehnen den Kapitalismus ab - und unsere Außenpolitik ist das Monument für den Bankrott ihrer Führung.

Auf der ganzen Welt verstehen die Menschen das Wesen dieses globalen Konflikts, obwohl ihre Anführer nicht den Mut haben, ihn zu benennen: individuelle Rechte oder nackte Gewalt - Freiheit oder Sklaverei - Kapitalismus oder Sozialismus.

Indem Amerika sein eigenes System verleumdet und sich dafür entschuldigt, entwaffnet man diese Menschen intellektuell und tötet ihre einzige Hoffnung.

Sowjetrussland braucht nicht viel Propaganda über Altruismus oder über die „Rechte der Unterprivilegierten" auf *Ihr* Eigentum - das machen wir selbst. Sie sahnen ab bei unserem ideologischen Selbstmord, sicher in dem Wissen, dass Kommunismus die konsequenteste politische Verkörperung des Altruismus - der allgemeinen Selbstopferung - ist und dass die primitive Brutalität ihrer Eroberungen keinen Widerstand antreffen wird.

Welche Seite werden die Völker der Welt unter solchen Umständen wählen, besonders die neuen aus der Steinzeit kommenden Nationen, die nur die Macht nackter Gewalt kennen?

Die gutgläubigen, sentimentalen Kollektivisten des Westens sind verwirrt wegen Russlands neuester Gräueltaten. Sie wundern sich, warum Russland sich nicht um die öffentliche Meinung der Welt schert, warum es seine humanitäre Maske fallen lässt und seine nackte Seele in solchen Taten zeigt wie der Detonation der größten Atombombe, der Errichtung der KZ-Mauer in Berlin und dem sadistischen Horror, flüchtende *Kinder* zu erschießen. Die westlichen Salonsozialisten verstehen das Wesen der Botschaft nicht, die Russland der Welt überbringt.

Die Botschaft ist das Prahlen eines Untiers, das absichtlich jeden Wert der Zivilisation, jede Spur des Respekts für menschliches Leben und Rechte verachtet, und beweist, dass deren Vorkämpfer ohnmächtig sind, sie zu verteidigen - und erklärt somit den unzivilisierten Horden, dass die Welt ihnen gehört.

Diese Absicht steckt dahinter, wenn man einen 18jährigen Jungen erschießt, der aus Ost-Berlin flüchten wollte, und ihn am Fuße der Mauer in Sicht- und Hörweite des Westens verbluten lässt.

West-Deutschland ist die freieste, fast-kapitalistische Ökonomie in Europa. Der Kontrast zwischen West- und Ost-Berlin ist der deutlichste Beweis der Überlegenheit des Kapitalismus gegenüber dem Kommunismus. Der Beweis ist unwiderlegbar. Russland hat nicht vor, ihn zu widerlegen. Es zettelt einen ideologischen Showdown an: Sie spucken uns ins Gesicht und erklären, dass Macht gleich Recht ist, dass Brutalität mächtiger ist als all unsere Prinzipien, unsere Versprechen, unsere Ideale, unser Wohlstand und unsere unvergleichliche materielle Überlegenheit.

So sieht das stille Symbol aus, vor dem die Welt jetzt steht: die Wolkenkratzer, die hell erleuchteten Schaufenster, die glitzernden Autos und die Lichter West-Berlins, all die Leistungen des Kapitalismus und seines Kerns: freien, individuellen Menschen - und auf seiner Türschwelle liegt in der Dunkelheit die blutige Leiche eines einzelnen, individuellen Menschen, der frei sein wollte.

Sowjetrussland versteht den Kern der Sache.

Wann werden wir anfangen, ihn zu verstehen?

14. *Dreiundneunzig*

16. 9. 1962 – „Dann stieg er in aller Ruhe auf das Gesims hinaus, und ohne sich umzudrehen, den Rücken an die Sprossen gelehnt, den Brand hinter sich, das Gesicht zum Abgrund gekehrt, kam er mit der stummen Erhabenheit eines Phantoms langsam die Leiter herab... Mit jedem Schritt, den er den aufgerissenen Augen entgegentat, erschien er größer...

Als er die letzte Sprosse erreicht hatte und den Boden berührte, legte sich eine Hand auf seinen Nacken. Er wandte sich um.

‚Ich verhafte dich', sagte –

‚Ich verstehe dich'..."

Ich hörte diese Szene zum ersten Mal, als ich sieben Jahre alt war. Ich lag in der Dunkelheit meines Kinderzimmers und lauschte gespannt einer Stimme durch die geschlossene Tür. Es war meine Mutter, die meiner Großmutter im Wohnzimmer einen französischen Roman vorlas, und ich konnte nur einige wenige Bruchstücke hören. Aber sie gaben mir das Gefühl eines gewaltigen Dramas, das Ereignisse von unvorstellbarer Wichtigkeit auflöste.

Wenn Menschen auf ihre Kindheit zurückschauen, dann kommt ihre Sehnsucht nicht aus der Erinnerung dessen, was das Leben in diesen Jahren gewesen ist, sondern daraus, was es zu sein versprochen hatte. Der Jugend ist es eigen, etwas Herrliches, das Ungewöhnliche, das Aufregende und Große zu erwarten – und der Prozess des Alterns besteht aus dem allmählichen Absterben dieser Erwartung.

Zwar muss dies nicht geschehen, aber das Feuer stirbt aus Mangel an Brennstoff, unter dem Gewicht der Enttäuschungen, wenn man entdeckt, dass die Erwachsenen nicht wissen, was sie tun und es sie auch nicht schert; dass eine respektierte Person ein Feigling ist; dass eine öffentliche Person, die man bewundert hat, nur eine Rolle spielt und in Wirklichkeit eine Mittelmäßigkeit ist; dass ein Literaturklassiker, auf den man sich gefreut hatte, eine genaue Analyse von Leuten ist, die man nicht zweimal ansehen würde, wie eine Abhandlung über ein Schlammloch.

Aber es gibt Ausnahmen.

Ich hatte nicht gefragt, aus welchem Buch diese Szene stammte, da ich ja gar nicht hätte zuhören sollen. Sie blieb mir als strahlendes Licht im Gedächtnis; ich hatte nicht erwartet, sie wiederzufinden oder das Geheimnis solcher Fragen zu erleuchten, wer verhaftet wurde oder warum.

Ich war dreizehn, als ich sie mit einem plötzlichen Schock des Wiedersehens in den letzten Kapiteln eines herrlichen Romans wiederfand. Es war *Dreiundneunzig* von Victor Hugo.

Diese Szene war nicht so gut wie ich gedacht hatte – sie war besser. Sie war unvergleichlich besser als alles, was ich mir vorgestellt hatte. Es war der Höhepunkt eines so enormen Dramas, die Auflösung eines solch tiefen moralischen Konflikts, dass die Erfahrung, wie große Literatur wirklich aussieht, einen betäubt zurückließ – und danach akzeptiert man nichts Geringeres mehr, weder in Büchern noch im Leben.

Heute, vierzig Jahre später, bat man mich, eine Einleitung für die neue Übersetzung von *Dreiundneunzig* zu schreiben, die gerade bei Bantam Books erschienen ist. Fast beneide ich die Leser, die Victor Hugo zum ersten Mal entdecken können.

Ich zitiere aus meiner Einleitung: „Die Entfernung zwischen seiner Welt und unserer ist erstaunlich kurz – er starb 1885. Aber die Entfernung zwischen seinem Universum und unserem muss in ästhetischen Lichtjahren gemessen werden... Er ist für die Neo-Barbaren unserer Zeit genauso unsichtbar wie die Kunst Roms es für ihre geistigen Vorväter war – und zwar aus denselben Gründen. Und doch ist Victor Hugo der größte Romancier der Weltliteratur."

Der Hintergrund von *Dreiundneunzig* ist die Französische Revolution. Der Titel bezieht sich auf das Jahr 1793, das Jahr des Terrors. Sein Thema ist das, was der heutigen Kultur fehlt: Loyalität zu Werten.

Drei Figuren dominieren die Gewalt eines blutigen Bürgerkriegs: ein unbeugsamer Aristokrat, der einen royalistischen Aufstand gegen die Revolution anführt; sein Neffe und Erbe, ein junger Revolutionär, der die republikanische Armee anführt, um den Aufstand niederzuschlagen; und ein ehemaliger Priester, nun ein engagierter Führer der Revolution, der die politische Loyalität des jungen Kommandanten, seines ehemaligen Schülers, des einzigen Menschen, den er je geliebt hat, überwachen soll.

Ihre Geschichte wird nicht durch einen unfokussierten Bewusstseinsstrom erzählt, sondern durch den zielgerichteten Antrieb eines fokussierten Geistes, was bedeutet: durch die steigende Spannung eines brillant integrierten Handlungsaufbaus.

Sie können andere, „realistischere" Zeugnisse der Französischen Revolution lesen, aber Hugos ist das, an das Sie sich erinnern werden. Er ist kein Berichterstatter, sondern ein Künstler, der das Wesentliche und das Fundamentale darstellt. Er ist kein Statistiker von Gossengeschichten, sondern ein Romantiker, der das Leben präsentiert „wie es sein könnte und sein sollte". Er betet menschliche Größe an und kann sie unübertroffen darstellen.

Wenn Sie darum kämpfen, Ihr Menschenbild in der grauen Asche unseres Jahrhunderts aufrechtzuerhalten, dann ist Hugo der Brennstoff, den Sie brauchen.

Man kann dieses Menschenbild aber nicht erlangen ohne Wissen darüber, was Größe ist und ohne ein Bild zu seiner Konkretisierung. Jeden Morgen, wenn Sie die Schlagzeilen von heute lesen, dann schrumpfen Ihre Gestalt und Ihre Hoffnung ein bisschen. Dann, wenn Sie sich auf der Suche nach einem edleren Menschenbild der modernen Literatur zuwenden, werden Sie mit diesen Fällen von angehaltener Entwicklung konfrontiert – den jugendlichen Straftätern im Alter von 30 bis 60 –, die immer noch denken, dass Verkommenheit wagemutig oder schockierend ist und deren Schriften nicht auf Papier, sondern auf Beton gehören.

Wenn Sie wie ich meinen, dass es nichts Langweiligeres als Verkommenheit gibt und wenn Sie einen Blick auf menschliche Erhabenheit erhaschen wollen, dann nehmen Sie einen Roman von Victor Hugo zur Hand.

15. Blindes Chaos

23. 9. 1962 – Aus den gegenwärtigen Vorgängen in Algerien kann man eine wichtige politische Lektion lernen.

Präsident Kennedy hat einen ideologischen Krieg gegen alle Ideologien angezettelt. Er hat wiederholt gesagt, dass Politikphilosophie nutzlos sei und dass „Raffinesse“ darin bestehe, nach der Zweckdienlichkeit des Augenblicks zu handeln.

Am 31. Juli erklärte er vor einer Gruppe brasilianischer Studenten, dass es keine Regeln oder Prinzipien gebe, die „die Mittel zur Erlangung des Fortschritts“ lenken und dass jedes politische System (inklusive Sozialismus) so gut sei wie jedes andere, solange es „eine freie Entscheidung“ des Volkes repräsentiere.

Am 31. August, genau einen Monat später, gab ihm die Geschichte wie in einem gut konstruierten Theaterstück eine deutliche Antwort. Das Volk von Algier marschierte in verzweifeltem Protest gegen den erneut drohenden Bürgerkrieg durch die Straßen der Stadt und rief: „Wir wollen Frieden! Wir wollen eine Regierung!“

Was sollen sie tun, um eine zu bekommen?

Während der Jahre des Bürgerkrieges waren sie vereint – nicht durch eine politische Philosophie, sondern nur durch eine Rassefrage. Sie kämpften nicht *für* ein Programm, sondern nur *gegen* die französische Herrschaft. Als sie ihre Unabhängigkeit erlangten, fielen sie auseinander – in rivalisierende Stämme und bewaffnete „Willayas“, die gegeneinander kämpften.

Die *New York Times* vom 2. September 1962 beschrieb es als „ein bitteres Rennen um die Macht zwischen Menschen, die eigentlich das Land hätten führen sollen“. Führen – aber wohin? In der Abwesenheit politischer Prinzipien ist die Frage von Regierung nur eine Frage von Machtergreifung und Herrschaft durch nackte Gewalt.

Das algerische Volk und seine verschiedenen Stammesfürsten, die die Mehrheit derer darstellen, die den Krieg gegen Frankreich führten, wurden übernommen von einer gut organisierten Minderheit, die erst nach dem Sieg auf der Szenerie erschien. Diese Minderheit wird angeführt von Ben Bella und ausgerüstet von Sowjetrussland.

Eine Mehrheit ohne Ideologie ist ein hilfloser Mob, der von jedem übernommen werden kann.

Und was bedeutet nun Mr. Kennedys Rat an die Brasilianer und die Welt? Er drückte nicht die Philosophie der Vereinigten Staaten aus, sondern das Prinzip unbeschränkter Mehrheitsherrschaft - die Idee, dass die Mehrheit alles tun darf, was sie will, dass alles, was die Mehrheit tut, richtig und praktisch ist, weil ihr Wille allmächtig ist.

Dies bedeutet, dass die Mehrheit die Rechte der Minderheit abwählen und über das Leben eines Individuums, seine Freiheit und sein Eigentum verfügen kann, bis er seine eigene Mehrheitsbande zusammensammelt. Dies würde, irgendwie, politische Freiheit garantieren.

Aber Wünschen alleine reicht nicht - weder für ein Individuum, noch für eine Nation. Für politische Freiheit braucht man viel mehr als den Wunsch des Volkes. Man braucht ein enorm komplexes Wissen über politische Theorie und darüber, wie sie in der Praxis umzusetzen ist.

Jahrhunderte an intellektueller und philosophischer Entwicklung waren nötig, um politische Freiheit zu erlangen. Es war ein langer Kampf, von Aristoteles über John Locke bis zu den Gründervätern. Das System, das sie etablierten, basierte nicht auf unbegrenzter Mehrheitsherrschaft, sondern auf dem Gegenteil: auf individuellen Rechten, die nicht durch Mehrheitsentscheidung oder Minderheitsverschwörungen abgeschafft werden können. Das Individuum war nicht der Gnade seiner Nachbarn oder seiner Herrscher ausgeliefert: Das Verfassungssystem von Checks and Balances wurde wissenschaftlich ausgearbeitet, um es vor beiden zu schützen.

Dies war die große Errungenschaft Amerikas - und wenn das tatsächliche Wohlergehen anderer Nationen das Motiv unserer Führer wäre, dann hätten wir genau dies der Welt beibringen sollen.

Stattdessen täuschen wir die Unwissenden und die Halbwilden, indem wir ihnen sagen, dass politisches Wissen unnötig sei, dass unser System nur ein subjektives Vorurteil sei, dass jede prähistorische

Form von Stammestyrannei, Bandenherrschaft und Abschlachtung genauso gut sei und von uns gebilligt und unterstützt werde.

Somit ermutigen wir die algerischen Arbeiter, durch die Straßen zu marschieren und zu rufen: „Arbeit, nicht Blut!" – ohne dass sie wissen, welch großes Wissen und welche Tugenden erforderlich sind, um dies zu erlangen.

Auf gleiche Weise verlangten die russischen Bauern 1917 „Land und Freiheit". Sie bekamen Lenin und Stalin.

1933 verlangten die Deutschen „Lebensraum". Sie bekamen Hitler.

1793 schrien die Franzosen: „Freiheit, Gleichheit, Brüderlichkeit!". Sie bekamen Napoleon.

1776 proklamierten die Amerikaner „Die Menschenrechte" – und geführt von Politikphilosophen erreichten sie sie.

Keine noch so gerechtfertigte Revolution und keine noch so populäre Bewegung hat je ohne eine politische Philosophie, die ihre Richtung und ihr Ziel bestimmte, Erfolg gehabt.

Die Vereinigten Staaten – das herausragendste Beispiel der Geschichte für ein von politischen Theoretikern geschaffenes Land – haben ihre eigene Philosophie aufgegeben und fallen auseinander.

Als Nation zersplittern wir in kriegführende Stämme, die nur aus einer nachlassenden zivilisierten Tradition „ökonomische Interessengruppen" genannt werden. Die einzige Opposition gegen unseren anwachsenden Dirigismus besteht aus den nutzlosen „Willayas" der sogenannten „Konservativen", die nicht *für* politische Prinzipien, sondern nur *gegen* die „Liberalen" kämpfen.

Verbittert vom Abrutschen Algeriens ins Chaos bemerkte ein algerischer Politiker: „Wir haben über die Kongolesen gelacht; jetzt sind wir auch dran."

Und wir auch.

16. *Die Menschenhasser*

30. 9. 1962 – Wenige Fehler sind so naiv und selbstmörderisch wie die Versuche der „Konservativen", den Kapitalismus aus altruistisch-kollektivistischen Gründen zu rechtfertigen.

Viele Menschen glauben, dass Altruismus Freundlichkeit, Gutmütigkeit oder Respekt für die Rechte anderer bedeutet. Aber er bedeutet das genaue Gegenteil: Er predigt Selbstopferung und die Opferung anderer für ein unspezifiziertes „Allgemeinwohl"; er sieht Menschen als Opfertiere an.

Da sie glauben, dass es Kollektivisten wirklich um das Wohlergehen der Menschheit geht, versichern die vermeintlichen Verteidiger des Kapitalismus ihren Feinden, dass der Kapitalismus der praktische Weg zum Ziel der Sozialisten, das beste Mittel zum selben Ziel und der beste „Diener" des Allgemeinwohls sei.

Und dann wundern sie sich, warum sie scheitern – und warum der blutige Schleim der Verstaatlichung weiter und weiter über den Erdball kriecht.

Sie scheitern, weil niemandes Wohlergehen durch die Opferung eines anderen erreicht werden kann – und weil das Wohlergehen der Menschheit nicht das Ziel der Sozialisten ist. Nicht für seine vermeintlichen Fehler hassen die Altruisten und Kollektivisten den Kapitalismus, sondern für seine Tugenden.

Wenn Sie es bezweifeln, sehen Sie sich einige Beispiele an.

Viele kollektivistische Historiker kritisieren die Verfassung der Vereinigten Staaten mit der Begründung, dass sie von reichen Landbesitzern geschrieben wurde, die angeblich nicht von politischen Idealen, sondern von ihren eigenen „egoistischen" ökonomischen Interessen motiviert waren.

Natürlich stimmt das nicht. Aber es stimmt, dass der Kapitalismus nicht die Opferung der Interessen anderer Menschen erfordert. Und bedeutsam ist hier die Moral hinter den Argumenten der Kollektivisten.

Vor der amerikanischen Revolution, quer durch die Jahrhunderte des Feudalismus und der Monarchie, lagen die Interessen der Reichen in der Enteignung, in der Versklavung und im Elend des Volkes. Deswegen sollte eine Gesellschaft, in der die Interessen der Reichen allgemeine Freiheit, unbeschränkte Produktivität und Schutz individueller Rechte heißen, von jedem, dessen Ziel das Wohlergehen des Menschen ist, als ideales System gepriesen werden.

Aber das ist *nicht* das Ziel der Kollektivisten.

Eine ähnliche Kritik führen die kollektivistischen Ideologen über den amerikanischen Bürgerkrieg an. Der Norden, so behaupten sie verächtlich, wurde nicht von selbstopfernder Sorge um die Notlage der Schwarzen motiviert, sondern von den „egoistischen" ökonomischen Interessen des Kapitalismus, der einen freien Arbeitsmarkt brauchte.

Der letzte Satz stimmt. Kapitalismus kann nicht mit Sklavenarbeit funktionieren. Es war der agrarische, feudale Süden, der die Sklaverei aufrecht erhielt. Es war der industrielle, kapitalistische Norden, der sie auslöschte – genau wie der Kapitalismus die Sklaverei und die Leibeigenschaft in der gesamten zivilisierten Welt des 19. Jahrhunderts auslöschte.

Welche größere Tugend kann man einem Gesellschaftssystem zuschreiben, als die Tatsache, dass es niemandem die Möglichkeit eröffnet, seine Interessen durch die Versklavung anderer Menschen zu erreichen? Welches edlere System könnte sich jemand wünschen, dessen Ziel das Wohlergehen des Menschen ist?

Aber das ist *nicht* das Ziel der Kollektivisten.

Der Kapitalismus hat den höchsten Lebensstandard geschaffen, den es je auf Erden gab. Der Beweis ist unanfechtbar. Der Kontrast zwischen West- und Ost-Berlin ist die neueste Demonstration, wie ein Laborexperiment vor aller Augen. Und doch sind es dieselben Leute, die lauthals ihren Wunsch nach der Abschaffung der Armut proklamieren und am lautesten den Kapitalismus anprangern. Das Wohlergehen der Menschheit ist nicht ihr Ziel.

Die „unterentwickelten" Nationen sind angeblich ein Problem für die Welt. Die meisten von ihnen sind mittellos. Einige (wie z.B. Brasilien) berauben (oder verstaatlichen) das Eigentum ausländischer Investoren; andere (wie der Kongo) schlachten Ausländer ab, inklusive Frauen und Kinder, und schreien dann alle nach ausländischer Hilfe, Technikern und Geld. Nur die Unanständigkeit altruistischer Lehren erlaubt ihnen die Hoffnung, damit durchzukommen.

Wenn diesen Nationen beigebracht würde, Kapitalismus einzuführen, mit vollem Schutz von Eigentumsrechten, würden ihre Probleme verschwinden. Wer es sich leisten könnte, würde mit der Erwartung auf Profite privates Kapital in die Entwicklung natürlicher Ressourcen investieren. Sie würden die Techniker, die Mittel, den zivilisierenden Einfluss und die Arbeitsplätze mitbringen, die diese Nationen brauchen. Jeder würde profitieren, auf niemandes Kosten und ohne Opfer.

Aber das wäre ja „egoistisch" und deswegen böse – jedenfalls dem altruistischen Kodex nach. Stattdessen ziehen sie es vor, die Einkommen der Menschen durch Steuern an sich zu reißen und sie in jeden ausländischen Ausguss zu schütten und zuzusehen, wie sich unser Wirtschaftswachstum Jahr um Jahr verlangsamt.

Das nächste Mal, wenn Sie sich selbst einen Wunsch oder einen kleinen Luxus nicht leisten können, der den Unterschied zwischen Vergnügen und Eintönigkeit ausgemacht hätte, fragen Sie sich, welcher Teil Ihres Geldes für eine Straße in Kambodscha oder für die Unterstützung der „selbstlosen" kleinen Altruisten aus dem „Peace Corps" draufgegangen ist, die sich im Dschungel auf Kosten der Steuerzahler wie eine große Nummer aufführen.

Wenn Sie das beenden wollen, müssen Sie zuerst erkennen, dass Altruismus keine Doktrin der Liebe, sondern des Hasses auf den Menschen ist.

Kollektivismus predigt nicht Opfer als vorübergehendes Mittel für ein wünschenswertes Ziel. Opfer ist das Ziel – Opfer als Lebensweise. Was die Kollektivisten zerstören wollen, sind Unabhängigkeit, Erfolg, Wohlstand und Glück.

Beachten Sie den hysterischen Hass, mit dem sie jeden Vorschlag aufnehmen, dass Opfer nicht nötig sind, dass eine nicht-opfernde Gesellschaft möglich ist und dass dies die einzige Gesellschaft ist, die das Wohlergehen der Menschen erreichen kann.

Wenn der Kapitalismus nicht existiert hätte, hätte ihn jeder ehrliche Menschenfreund erfinden müssen. Aber wenn Sie sehen, wie darum gekämpft wird, seine Existenz zu verdrängen, sein Wesen falsch darzustellen und seine letzten Überbleibsel zu zerstören – dann können Sie sich sicher sein, dass Menschenliebe nicht das Motiv ist.

17. Die Zeit der Plattitüden

7. 10. 1962 - In den nächsten Wochen wird es in Amerika keine politischen Diskussionen geben: Wir sind in die Zeit der Plattitüden eingetreten - einen Wahlkampf.

Während eines Wahlkampfes verschwinden alle Fragen, Prinzipien und Definitionen. Sie lösen sich in einen Nebel aus gummiartigen Begriffen auf, die alles für alle bedeuten können, während die Kandidaten darum kämpfen, wie man auf größtmögliche Art und Weise von der größten Anzahl Menschen missverstanden werden kann.

Als Beispiel nur zwei Äußerungen, die den Wahlkampf einläuteten:

Präsident Kennedy pries „die Geschichte des Fortschritts und des Mitgefühls" seiner Partei und erklärte, dass seine Gegner „als gespaltene, spaltende und tatenlose Regierung blockiert" seien.

Gouverneur Rockefeller erklärte zum Vergleich der beiden Parteien: „Unsere Geschichte ist eine Geschichte aus Fortschritt, Wachstum und menschlicher Sorge... *Deren* Geschichte besteht aus Stagnation, Blockade und Unfähigkeit."

Fragen Sie sich, ob es irgendwo auf der Welt eine Partei gibt, auf die solche Erklärungen nicht zutreffen würden.

Und doch sind dies die einzigen Äußerungen, die wir bekommen, um aufzuzeigen, in welche Richtung unsere Kandidaten uns führen wollen.

Unterschiede zwischen ihnen sind nur graduell und beschränken sich auf eine Kategorie: größere oder kleinere Geschenke an verschiedene Interessengruppen, wie z.B. „Medicare".

Gerade während eines Wahlkampfes bräuchte man klarstes Denken und ehrlichste Debatten. Stattdessen schalten die Leute eben während eines Wahlkampfes ihren Verstand aus und vollführen in einem Dunst aus Hoffnungen und Plattitüden die Bewegungen eines Rituals.

Wer ist dafür verantwortlich? Die Wähler, wenn sie so tun, als ob sie etwas hören. Die Politiker, wenn sie so tun, als ob die Nation ihnen ein „Mandat" gegeben hätte – für ein Programm, das sie nie diskutiert haben.

Der größere Teil der Schuld lastet auf den Wählern. Wenn Menschen politische Prinzipien verstehen und scharf umrissene Überzeugungen haben, verlangen sie dasselbe von ihren Politikern. Aber in einer „Mischökonomie" sind es eben politische Prinzipien, die durchmischt sind – und kein Politiker wagt es, sie zu trennen.

Ein Politiker will in erster Linie gewählt werden – sonst kann er seine Ziele nicht erreichen, ob sie nun edel oder unedel sind, ob er ein Idealist oder nur ein Stimmenfänger ist.

Wenn die Wähler nur mit dem verzweifelten Gefühl wählen gehen, dass „irgendjemand etwas tun sollte", wenn sie politische Prinzipien verdrängen oder ignorieren, dann wird ein Politiker es ihnen gleichtun. (Was der Grund dafür ist, warum unsere Zeit nicht von der großen Statur ihrer politischen Anführer gekennzeichnet wird.)
Ein Wahlkampf ist nicht die Zeit, um Menschen die Grundlagen politischer Theorie beizubringen, und ein Kandidat ist kein Lehrer. Er kann nur versuchen, mit den Ideen abzusahnen, von denen er glaubt, dass die Menschen sie haben. Er ist nicht die Ursache politischer Trends, er ist ihr Resultat.

Wer ist dann die Ursache? Die Intellektuellen.

Das Studium und die Definition politischer Theorien ist ein Vollzeitjob. So wie nicht alle Menschen Automobilfabrikanten sein können, sie aber beurteilen und auswählen können, welches Auto sie kaufen wollen, genauso können sie nicht politische Philosophen sein, können aber die ihnen präsentierten Ideen beurteilen und ihre eigenen Überzeugungen dementsprechend bilden. Und gerade bei dieser wichtigen Verantwortung haben die modernen Intellektuellen versagt.

Das trostlose Kasperletheater der heutigen Wahlkämpfe kommt aus den Colleges. Dieses furchtbare Durcheinander, diese Mischung aus Marx, Keynes und moralischer Feigheit, das heute in der Politikwissenschaft gelehrt wird, würde unsere Kandidaten im Vergleich dazu wie den Ausbund an Festigkeit und Präzision erscheinen lassen.

Die Menschen wissen, dass irgendetwas mit der Welt nicht stimmt und dass sie keine Wahl haben. Aber wie können sie sich Gehör verschaffen? „Meinungsmache“ ist nicht ihr Beruf.

Sie spüren, können aber nicht identifizieren, dass die wahre Frage unter all den Ausflüchten „Kapitalismus oder Sozialismus“ lautet. Aber das ist die Frage, die weder die „Liberalen“ noch die „Konservativen“ zu diskutieren oder anzusehen wagen.

Die Menschen nehmen den einzigen Ausweg, der ihnen noch offensteht: die Protestwahl. Sie wählen vorwiegend nicht *für* etwas, sondern *gegen* etwas. Der Trend in den meisten halbfreien Ländern - besonders in England - besteht darin, den abzuwählen, der gerade an der Macht ist. Es ist ein kurzfristiges Mittel, um die Verschanzung einer einzigen Clique an der Macht zu verhindern.

Aber wer sich um die Zukunft sorgt, sollte erkennen, dass politische Trends bei Wahlen nicht gemacht, sondern nur registriert werden. Und um die heutigen Trends zu verändern, ist es nicht genug, nur Anti-Kollektivist zu sein.

Es kann nur geschehen durch a.) den Erwerb des vollen, konsequenten Wissens über die Theorie des Kapitalismus, b.) seine Vermittlung an andere und c.) intelligente Fragen an politische Repräsentanten, die darauf abzielen, dass sie die Bedeutung der Phrasen spezifizieren sollen, die sie uns anbieten - nicht durch emotionale Appelle.

Den Menschen sollte beigebracht werden, es nicht hinzunehmen, wenn Kandidaten versprechen, das Land irgendwo hinzuführen, ohne zu sagen, wohin - oder ein „Neues Ziel“, ohne festzulegen, welches - oder eine „energische Führung“ zu versprechen, die furchtlos unsere Stahlindustrie zerschlägt, aber in Kuba und Berlin kneift.

Um den Trend zu verändern, muss man daran arbeiten, eine aufgeklärte Wählerschaft zu schaffen. Und man muss erkennen, dass Wahlen in jedem Monat des Jahres gewonnen werden - außer im November.

18. Unser angeblicher Konkurrent

14. 10. 1962 – Wer immer noch glaubt, dass Altruismus ein moralisches Ideal ist und dass Kollektivismus praktisch ist, tut gut daran, sich die Bedeutung der neuesten Nachrichten aus Sowjetrussland anzusehen.

Am 24. September kündigte die Sowjetregierung an, dass sie einen weiteren ihrer „Fünfjahrespläne" verschieben werde: die Abschaffung der Einkommensteuer. Dieser Plan war 1960 mit donnernder Publicity angekündigt worden und hatte versprochen, während einer Übergangszeit von fünf Jahren die Einkommensteuer schrittweise abzuschaffen.

Mit demselben lauten Bluff hatte Chruschtschow angekündigt, dass der russische Pro-Kopf-Verbrauch von Fleisch und Butter den amerikanischen in wenigen Jahren übersteigen würde. Stattdessen bekamen die Verbraucher im letzten Sommer eine 25-prozentige Preiserhöhung auf Fleisch und Butter.

Aber die Ausgaben der Sowjetregierung für das „Allgemeinwohl" – für industrielle Entwicklung, Raumfahrtprojekte und Entwicklungshilfe – gehen unbeschnitten weiter.

Hier ist das reine, klassische Beispiel der allgemeinen Selbstopferung. Genau das ist die Bedeutung und Umsetzung der Doktrin des „Allgemeinwohls".

Wenn die Altruisten-Kollektivisten vor 45 Jahren irgendeine Entschuldigung für ihre angeblichen Ziele beanspruchen konnten – für ihren Glauben, dass staatliche Pläne die Armut abschaffen, die Last der Arbeit lindern und Wohlstand für alle schaffen würden – welche Entschuldigung haben sie heute?

1917, zu Beginn der Revolution, war der russische Lebensstandard unaussprechlich niedrig. Das Sowjet-System senkte ihn noch weiter ab. Das Elend in Sowjetrussland ist Amerikanern unvermittelbar. Man kann es nur andeuten, wenn man sagt, dass in Sowjetrussland die gesamte mentale, körperliche und emotionale Energie für die Frage verbraucht wird, woher man die nächste Mahlzeit bekommt.

Aber die Sowjetherrscher versicherten dem Volk, dass dies nur vorübergehend sei. Sie bemühten Parolen, Banner, Poster und Massenerschießungen, baten die Menschen um Geduld und Selbstopferung zum Wohle der Industrialisierung des Landes. Für alle Härten gaben sie der Rückständigkeit der russischen Wirtschaft und den Komplotten der ausländischen Imperialisten die Schuld. Die Industrialisierung, so versprachen sie, würde alles wieder gutmachen, und der Sowjet-Fortschritt würde den dekadenten Westen überholen.

Sehen Sie die Zeitungsarchive der vergangenen 45 Jahre durch. Sie werden eine Folge von 5-Jahres-Plänen, Fehlschlägen und blutigen Säuberungen von Sündenböcken finden, die für die Fehlschläge herhalten mussten. Der Lebensstandard des russischen Volkes („Sterbestandard" wäre präziser) hat sich nicht verändert; Schuhe, Armbanduhren und Kosmetika sind immer noch Luxus; die Produktion von genügend Nahrungsmitteln ist immer noch ein ungelöstes Problem.

Nichts hat sich geändert – außer der Produktion von öffentlichen Denkmälern. Die ausgehungerten, zerlumpten Sowjetknechte schleppen sich jetzt dahin, warten irgendwelche Riesenfabriken, irgendwelche Wasserkraftwerke, eine marmorverkleidete U-Bahn, einen abscheulichen Wolkenkratzer, der eine Universität darstellen soll und halten zahllose Paraden zu Ehren eines praktischerweise fotogenen jungen Mannes ab, der von einer Reise aus dem Weltraum zurückkehrt.

Zuerst mag es plausibel erschienen sein, dass man sich selbst (und andere) zugunsten der Armen in seinem eigenen Land opfern sollte. Nun, da das gesamte Land (mit Ausnahme der herrschenden Elite) auf die tiefste Stufe des Elends gesunken ist, werden dieselben Armen von weiteren Opferungen geschröpft – um den Armen in Kuba und Afrika zu helfen.

Zuerst mag es plausibel erschienen sein, dass all die Opfer nur vorübergehend wären und dass die Industrialisierung Überfluss für alle bringen würde.

Aber Industrialisierung ist kein statisches Ziel; es ist ein dynamischer Prozess mit einer schnellen Veralterungsrate. Die elenden Knechte einer Planwirtschaft, die damals verhungerten, während sie auf Dampfmaschinen und Traktoren warteten, verhungern heute, während sie auf Atomkraft und interplanetare Reisen warten.

In einem „Volksstaat" ist der Fortschritt somit eine Bedrohung für das Volk, und jeder Schritt vorwärts wird den Arbeitern aus dem Leib gerissen.

Das war nicht die Geschichte des Kapitalismus.

Mit seinem Aufstieg vom Beginn des 19. Jahrhunderts an verwandelte der Kapitalismus die Welt in wenigen Jahrzehnten und schuf einen beispiellosen Lebensstandard für alle Klassen. Und mit jedem weiteren Jahrzehnt, mit jeder wissenschaftlichen Entdeckung und jedem technologischen Fortschritt stieg der Lebensstandard weiter an.

Im Kapitalismus waren Fortschritt und Wohlstand keine Gegenteile, sondern Folgeerscheinungen.

Und wann immer jemand eine Nation um Opfer bittet, wird er damit nicht Fortschritt erreichen.

Amerikas erstaunliche Leistungen - die die Sowjets kopieren, borgen und stehlen - wurden nicht durch allgemeine Opfer geschaffen, sondern durch den Schöpfergeist freier Menschen, die ihre eigenen „egoistischen" Interessen und die Schaffung ihrer eigenen privaten Vermögen verfolgten.

Diese Menschen haben Sie nicht für die Industrialisierung Amerikas besteuert. Sie gaben Ihnen Arbeitsplätze, höhere Löhne und billigere Waren mit jeder neuen Maschine, die sie erfanden, und hoben damit Ihre und ihre eigene Produktivität - und statt zu leiden strebten sie vorwärts und profitierten auf jedem Schritt des Weges.

Beachten Sie, dass unser Wirtschaftswachstum mit dem Anwachsen der dirigistischen Kontrollen immer weiter schrumpft. Und doch sehen unsere politisch-intellektuellen Führer Kapitalismus als „unmoralisch" und Sozialismus als „praktisch" an (!).

Wenn Sie einen betrunkenen Bankräuber sähen, der die Ersparnisse von Millionen Menschen bei einer einzigen Champagner-Party im Waldorf-Astoria verschwendete, würden Sie ihn weder für ökonomisch gesund noch für eine gefährliche Bedrohung der produktiven Industriellen halten. Und doch ist genau das die moralische Bedeutung, die ökonomische Position und die „Bedrohung" des angeblichen technologischen Fortschritts von Sowjetrussland.

19. *Großbritanniens „nationaler Sozialismus“*

21. 10. 1962 - Die Vertreter dieses politischen Niemandslands, das man als „Mittelweg“ kennt - die glauben, dass der Kapitalismus und der Sozialismus im heutigen globalen Konflikt auf derselben Seite, der Seite der Freiheit, des Fortschritts und des Friedens, gegen einen gemeinsamen Feind, den Kommunismus, stehen -, haben gerade einen erleuchtenden Schlag ins Gesicht bekommen - von Mr. Hugh Gaitskell, dem Vorsitzenden der britischen Labour Party.

Im Zuge derselben Geste hat Mr. Gaitskell den letzten Rest an Tarnung vom ideologischen Bankrott der modernen „Intellektuellen“ gerissen.

Seit Jahrzehnten haben die „Liberalen“ den „Nationalismus“ als das Erzübel des Kapitalismus angesehen. Sie verleumdeten nationales Eigeninteresse und erlaubten keine Unterscheidung zwischen intelligentem Patriotismus und blindem, rassistischem Chauvinismus, indem sie beides in einen Topf warfen. Sie verleumdeten alle Gegner internationalistischer Doktrinen als „Reaktionäre“, „Faschisten“ oder „Isolationisten“ und sie brachten unser Land zu dem Zustand, in dem Ausdrücke wie „Amerika zuerst“ verächtlich gemeint werden.

Sie schrien, dass Nationalismus die Ursache für Kriege sei - und dass der einzige Weg zum Erreichen globalen Friedens die Auflösung aller nationalen Grenzen, die Opferung der nationalen Souveränität und die Verschmelzung in den Vereinten Nationen oder der Einen Welt sei.

Und plötzlich, am 3. Oktober, so plötzlich und so zynisch wie zwei Führer der vorherigen Generation den Hitler-Stalin-Pakt verkündeten, verkündete Hugh Gaitskell, der Sozialist, dass er gegen den Beitritt von Großbritannien zur Europäischen Gemeinschaft sei - im Namen des Nationalismus.

Die sechs Länder der EG sind nicht kapitalistisch - es gibt in der heutigen Welt leider keine kapitalistischen Länder. Sie sind „Mischökonomien", aber das freie, kapitalistische Element dominiert, und ihre Außenpolitik ist anti-kommunistisch.

Diese sechs Länder sind Europas Bollwerk gegen Sowjetrussland. Es ist allgemein bekannt, dass Russland ihnen feindlich gesinnt ist und ihren wirtschaftlichen Erfolg fürchtet. Dieser Erfolg ist spektakulär gewesen, wie es die kreative Kraft des Kapitalismus - selbst des Halb-Kapitalismus - immer gewesen ist.

Diese halb-kapitalistischen Länder, die aus den Trümmern der Diktatur und des Krieges entstanden sind, haben eine Stufe an Wohlstand erreicht, die ihre halb-sozialistischen Nachbarn vor Scham erröten lässt. Aber ihr größtes Wunder ist die Kooperation von Deutschland und Frankreich. Diese beiden sind seit Jahrhunderten Todfeinde gewesen, wie eine offene Wunde, die wieder und wieder die europäische Geschichte zerriss. Ein ökonomisches System, das Frankreich und Deutschland in Partner verwandeln kann, verdient von einem ehrlichen Friedensliebhaber ehrfürchtiges Staunen - oder zumindest ein nachdenkliches Studium.

Aber auf der jährlichen Konferenz der Labour Party, in dem grauen, ausgelaugten, verwelkenden Koloss dessen, was einst ein großes freies Land gewesen war, kündigte Mr. Gaitskell an, dass seine Partei gegen Großbritanniens Beitritt zur EG sei - außer unter fünf Bedingungen, die bei Annahme das Grundkonzept der EG negieren würden.

Die zwei bedeutsamen Bedingungen sind: Großbritanniens Recht, seine eigene Wirtschaft zu planen und seine eigene Außenpolitik zu verfolgen.

Das britische Volk „ist nicht bereit, Supranationalismus zu akzeptieren", erklärte Mr. Gaitskell und lieferte solch eine Lawine von abgestandenen, chauvinistischen Plattitüden über die Verpflichtung und die Bewahrung des britischen Commonwealth ab, dass eine amerikanische Zeitung es zusammenfasste als „Labour Party joins Colonel Blimp".

Während das amerikanische Volk gedrängt wird, seine Freiheit, seine Rechte, seinen Wohlstand und sogar seine militärische Verteidigung der Gnade von Mehrheitsentscheidungen wilder Stämme in der ganzen Welt auszuliefern, erklärt Mr. Gaitskell, dass die Briten sich nicht der Mehrheitsentscheidung eines europäischen Parlaments unterordnen würden, wenn eine solche Abstimmung gegen sie ausfiele.

„Mr. Gaitskell", schrieb der Korrespondent einer amerikanischen Zeitung, „misstraut wie viele in seiner Partei und in allen Parteien einem Europa, das ein fester, anti-sozialistischer, anti-kommunistischer Block werden könnte."

Dies ist der Zweck und die Bedeutung von all dem internationalistischen Geschwätz, das Amerika zerstört: Globaler Frieden, internationale Demokratie, eine Weltregierung und unbeschränkte Mehrheitsherrschaft sind nur solange Ideale, wie die Mehrheit für Sozialismus stimmt; aber sollte eine internationale Organisation sich entscheiden, ein freieres System einzuführen, dann bekommt das „Recht" auf nationale Wirtschaftsplanung Vorrang vor all diesen Idealen, einschließlich des Weltfriedens.

Da die Außenpolitik der EG antikommunistisch ist, welche Art von unabhängiger Außenpolitik will Mr. Gaitskell verfolgen? Gegen wen soll seine Politik gerichtet sein und wem soll sie nutzen?

Grundprinzipien können weder ignoriert noch verdrängt werden. Trotz der schändlichen Ausflüchte des Westens kommt die Frage von Kapitalismus gegen Sozialismus immer wieder an die Oberfläche. Am Ende finden die Sozialisten Krieg und Kommunismus immer noch besser als Wohlstand und Kapitalismus.

Die amerikanischen „Liberalen" stehen nun vor einem Test. Haben sie noch irgendwelche Prinzipien? Oder werden sie Großbritanniens „nationalen Sozialismus" schlucken und unterstützen?

Wenn die Labour Party die nächsten Wahlen gewinnt, werden wir uns in die Situation gedrängt finden, dem sozialistischen Großbritannien und dem kommunistischen Russland dabei zu helfen, die letzten Überbleibsel des halb-kapitalistischen Europas zu zerstören?

Die Antwort wird von der Außenpolitik der Kandidaten bestimmt, die Sie [im November] wählen werden.

20. Nationalismus oder Internationalismus

4. 11. 1962 – Wie ich in der letzten Woche aufzeigte, erreicht die Frage „Nationalismus oder Internationalismus“ einen Höhepunkt und erfordert einen klaren Standpunkt. Es ist eine der tödlichsten und am wenigsten definierten Fragen von heute.

Seit vielen Jahrzehnten propagieren die „Liberalen“ Internationalismus, d.h. Kollektivismus angewendet auf die Beziehungen zwischen Nationen. Genau wie einheimischer Kollektivismus besagt, dass die Freiheit und die Interessen eines Individuums dem „Allgemeinwohl“ der Gesellschaft geopfert werden müssten, so besagt Internationalismus, dass die Souveränität und die Interessen einer Nation der Weltgemeinschaft geopfert werden müssten.

Die Vereinigten Staaten sind vielleicht die einzige Nation, die diese Doktrin ernstgenommen hat, und sie sind ihr größtes Opfer. Unsere Innenpolitik, so wird uns ständig erzählt, müsse von unserer Außenpolitik bestimmt und den Erfordernissen der Weltsituation untergeordnet werden; internationale Probleme kämen an erster, innenpolitische Probleme an zweiter Stelle.

Aber die kürzliche Kontroverse über Großbritanniens Beitritt zur EG hat diese Doktrin in die Luft gesprengt und ein vielsagendes Paradoxon geschaffen. „Es sind die Tories, die Konservativen, ehedem die Exponenten der britischen Souveränität und des Empire, die Großbritannien in eine Union mit dem Kontinent führen. Und die Labour Party, die internationalistischen Sozialisten, führen nun die Anklage ins Feld, dass ‚Britannien zu einer Provinz Europas‘ gemacht werden soll“, schrieb eine amerikanische Zeitung.

Allen Internationalisten zum Trotz ist nicht die Außenpolitik, sondern die *Innenpolitik* eines Landes von primärer Bedeutung. Das *eigene* politische System ist für eine Nation vordringlich. Und die Grundfrage in der heutigen Welt ist nicht eine solch oberflächliche und künstliche Frage wie Internationalismus oder Nationalismus, sondern Kapitalismus oder Sozialismus.

Das Grundprinzip des Kapitalismus ist freiwilliger Handel zu gegenseitigem Vorteil, sowohl zwischen Individuen als auch zwischen Nationen. Das Grundprinzip des Sozialismus ist erzwungene Selbstopferung auf beiden Gebieten.

Nur auf der Grundlage von individuellen Rechten und Interessen können die Interessen einer Nation definiert und geschützt werden; und nur auf der Grundlage nationaler Interessen kann man internationale Kooperation erreichen.

Es gibt einen wichtigen Unterschied zwischen dem Beitritt zu einer halb-kapitalistischen internationalen Organisation wie der EG oder der altruistisch-kollektivistischen Sorte wie den Vereinten Nationen.

Beachten Sie, dass die Vereinten Nationen das Gegenteil ihrer angeblichen Ziele erreichen. Sie fordern die Opferung nationaler Interessen und haben stattdessen zur schlimmsten Art von urzeitlichem Nationalismus geführt: Stammesrassismus.

Der EG kann man nicht nachsagen, kapitalistische Prinzipien zu repräsentieren. Sie ist eine „Mischökonomie", deren Politik zwar nicht ausdrücklich, aber implizit und durch Unterlassung pro-kapitalistisch ist – genau wie die Vereinigten Staaten zurzeit eine „Mischökonomie" sind, die sich zwar nicht ausdrücklich, sondern implizit und durch Unterlassung auf Sozialismus zubewegt.

Die EG ist keine von politischen Prinzipien, sondern von der Zweckdienlichkeit des Augenblicks geleitete wackelige Struktur. Seit den Anfängen aus Kriegstrümmern wandte sie sich der Freiheit zu, nicht als Philosophie, sondern aus Zweckdienlichkeit, und nahm einen Aspekt des Kapitalismus an: freien Handel. Die Resultate waren wundersam.

Die Position des Kapitalismus in der EG ist heute die des Sozialismus in den halbfreien Ökonomien des 19. Jahrhunderts: ein Prinzip, das in eine Ökonomie geschmuggelt und nicht identifiziert wurde. Sozialismus wurde von der Welt nicht als bewusst gewähltes Projekt oder System akzeptiert; er gewann in einzelnen Schritten, die von den Intellektuellen angeraten und angenommen und durch pragmatische, kurzsichtige Regierungen umgesetzt wurden, die sich weigerten, die Konsequenzen ihrer Handlungen zu betrachten.

Jede der Wirtschaft aufgezwungene staatliche Kontrolle schuf Probleme, die weitere Kontrollen erforderten, die wiederum weitere Kontrollen erforderten usw. Durch solche Schritte wurde eine wohlhabende Welt zum Elend des verstaatlichten Bankrotts gebracht.

Ein ähnlicher Prozess konfrontiert nun umgekehrt die EG. Ein befreiter Wirtschaftsbereich kommt der staatlichen Planung in die Quere und erfordert die Befreiung anderer Bereiche, was die Befreiung anderer Bereiche erfordert usw. (Dies ist der Grund, warum die EG nicht das sozialistische Großbritannien aufnehmen kann.) Wenn die EG ihre Errungenschaften behalten soll, dann ist dies der Prozess, dem sie folgen muss.

Ob sie es tun wird, hängt vom theoretischen Bewusstsein und dem Mut ihrer Führer ab. Langfristige Zerstörung kann durch blinden, kurzsichtigen Pragmatismus erreicht werden; langfristiger Erfolg nicht.

Wachsender Wohlstand wird wachsende Forderungen nach unverdienten Wohltaten von dirigistischen Interessengruppen nach sich ziehen; wenn ihnen nicht widerstanden wird, werden sie die EG untergraben und ruinieren. Aber ihnen kann nur widerstanden werden durch die politische Philosophie des Laissez-Faire-Kapitalismus, die ausdrücklich angenommen und verteidigt werden muss.

Wie viel Zerstörung muss die Welt noch ertragen, bevor die Menschen dies verstehen?

Die Politiker der westlichen Welt klammern sich verzweifelt an den kollabierenden Status Quo – an die Fiktion einer funktionierenden „Mischökonomie" – und fürchten die Notwendigkeit, die Frage zu identifizieren. Die Zukunft hängt davon ab, ob wir Staatsmänner bekommen, die den Sozialismus bekämpfen – nicht durch stille Zweckdienlichkeit, sondern durch stolze und offene Überzeugungen.

21. *Die Kuba-Krise*

11. 11. 1962 – Während der Niederschrift dieses Artikels ist die Kuba-Krise nach wie vor von Nebel umgeben.

Der von Präsident Kennedy eingenommene Standpunkt kann zweierlei bedeuten. Wenn wir eine kompromisslose Politik beibehalten, könnte das einen historischen Wendepunkt markieren: die Rückkehr der Vereinigten Staaten zu Würde, Durchsetzungskraft und nationaler Selbstachtung – und daraus folgend die letztendliche Rückkehr der Welt zu einem zivilisierten Zustand. Wenn wir nachgeben und Kompromisse machen, wird es die schlimmste Kapitulation in unserer katastrophalen Außenpolitik der letzten 30 Jahre sein.

Es gibt alarmierende Anzeichen, die auf die zweite Richtung hindeuten.

Die ersten Tage der Krise waren die dramatische Demonstration einer Tatsache, die die heutigen Ideologen vergessen haben: die Tatsache, dass wer im Recht ist, Macht hat. Obwohl Mr. Kennedys Erklärung vom 22. Oktober viel zu wünschen übrig ließ, war die bloße Tatsache, dass ein amerikanischer Präsident das berechtigte Eigeninteresse unseres Landes bekundete, ein Sonnenstrahl im grauen Nebel einer Welt, in der das Recht seit 30 schändlichen Jahren entschuldigend zurückweicht.

Die Resultate dieser Erklärung waren ein deutlicher Beweis für das, was die Bewussteren von uns seit Jahren gesagt haben: dass Sowjetrusslands angebliche Macht ein gigantischer, durch die Zugeständnisse seiner Gegner aufgebauter Bluff ist – dass Russland und Nazi-Deutschland sich wie jeder Schläger von Beschwichtigung ernähren und sich beim ersten Anzeichen von entschiedenem Widerstand kleinlaut zurückziehen.

Die Länder Lateinamerikas – die sich in den meisten internationalen Fragen, einschließlich der Kuba-Frage, nie festlegten und uns behinderten, solange wir sie umwarben und ihre Zustimmung suchten – waren sofort und einstimmig auf unserer Seite, als wir einen unabhängigen Standpunkt einnahmen. Diesen Ländern kann man nicht allein die Schuld für ihre frühere Haltung geben: Niemand kann einem internationalen Duckmäuser trauen.

Mit derselben sofortigen Reaktion eilten Westeuropa und alle halbfreien Nationen der Welt einstimmig zu unserer Unterstützung, als ob wir der langgesuchte Anführer der Welt und ihre letzte Hoffnung seien - was wir für einige wenige Tage auch waren. Beachten Sie, dass diese Reaktion, die keiner unserer altruistischen Pläne je erwecken konnte, von unserer Entschlossenheit hervorgebracht wurde, unsere eigenen Rechte zu verteidigen.

„Höchste Zeit" war der Ruf des amerikanischen Volkes in Bezug auf unsere neue Politik. Dieser Aufschrei zeigte die enorme Fehlkalkulation, in die Sowjetrussland und seine Sympathisanten Milliarden an Gräuelpropaganda gesteckt hatten. Er zeigte den Unterschied zwischen menschlichen Wesen und jenen, die lieber rot als tot wären und nie wirklich lebendig waren.

In diesen ersten Tagen wäre das Volk Mr. Kennedy gefolgt und hätte seine Zweifel vergessen. Damit ist es jetzt vorbei.

Nachdem Mr. Kennedy die Zustimmung von Chruschtschow gewonnen hatte, negierte er die moralische Grundlage seines eigenen Standpunktes - das Prinzip, dass die Sicherheit der Vereinigten Staaten nicht verhandelbar ist - und überließ seinen Sieg den amoralischen Verhandlungen der Vereinten Nationen, wo die Ansprüche von Aggressoren und Opfern „neutral" als gleichwertig betrachtet werden.

Es folgte die nutzlose Heuchelei durch die Ausschüsse der Vereinten Nationen und eine Serie moralischer Kompromisse von unserer Seite, z.B. die beantragte Auswahl „neutraler" Beobachter zur Überwachung des Abbaus der kubanischen Raketenbasen. Durch welche Ausdehnung welchen Gummimaßstabs wurde unsere nationale Sicherheit in die Hände solcher Länder wie Brasilien, Mexiko, Äthiopien, Burma, Nigeria und dem sozialistischen Schweden ausgeliefert? War das die richtige Politik einer großen souveränen Nation?

Während U Thants nutzlosem Besuch setzten wir unsere Seeblockade und unsere Luftüberwachung aus - als Geste „guten Willens". Guter Wille - für wen? Für Castro und Chruschtschow?

Wenn ein Gangster einen Polizisten sieht und davon ablässt, ein Haus in die Luft zu sprengen, dann ist es die angemessene Vorgehensweise, dass der Polizist sagt: „Wehe, ich erwische dich hier noch mal." Es ist nicht angemessen, Erklärungen guten Willens abzugeben und den Gangster als Beschützer von Recht und Ordnung zu preisen.

Die feierliche Strenge unseres Standpunkts ist untergraben worden. Es ist jetzt egal, welche grotesken Verrenkungen die Vereinten Nationen ausführen und ob unsere Sicherheit letztendlich Burma, Schweden, dem Roten Kreuz oder den Pfadfindern anvertraut wird.

Nicht egal ist die unheilvolle Frage, die dieses Schauspiel aufwirft. Wie konnte die Errichtung der kubanischen Raketenbasen so weit kommen? Was war mit unseren Geheimdiensten los? Warum kam Mr. Kennedys Erklärung so spät? Wird die Show der Vereinten Nationen abgehalten, um Chruschtschows Gesicht zu wahren - oder um das amerikanische Volk zu verwirren und zu schwächen?

Es gibt in offiziellen und halb-offiziellen Kreisen zu viel Gerede über eine versöhnliche Politik gegenüber Chruschtschow und die Notwendigkeit, „einige" Zugeständnisse zu machen. Werden wir Guantanamo Base oder Berlin oder die Türkei aufgeben, und wird uns dies in einem Fanfarenstoß aus Plattitüden als Sieg präsentiert werden, der uns vor einem Atomkrieg gerettet hat?

Es ist zu früh, dies zu sagen. Aber eins ist sicher: Wenn Mr. Kennedy als Resultat der Kuba-Krise Zugeständnisse macht, wird es eine Einladung für weitere Krisen und Gräueltaten sein - ein Beweis für jeden internationalen Kriminellen, dass sich Verbrechen doch bezahlt macht.

Wenn ein Einbrecher wiederholt den Versuch machen würde, Ihren Safe auszuräumen und scheitert, Sie ihm aber jedes Mal 10 Dollar als Entschädigung für seine Mühen geben würden - was wäre das letztendliche Schicksal Ihres Eigentums und wer wäre dafür verantwortlich?

Wenn irgendeine Interessengruppe solch eine Politik versucht, so müssen wir unsere Regierung wissen lassen, dass wir verstehen, was für ein Spiel gespielt wird.

22. *Post Mortem*, 1962

18. 11. 1962 – In den letzten Jahrzehnten sind unsere Wahlen nach folgendem Muster abgelaufen: 1. Während des Wahlkampfs bieten beide Parteien nichts als einen Haufen abgestandener Allgemeinplätze an, die alles für alle bedeuten können, und verdrängen jede Diskussion über Grundprinzipien oder -fragen. 2. Nach der Wahl erklären Kommentatoren und Parteiführer, welche Prinzipien und Fragen die Wähler unterstützt haben.

In diesem Jahr ist unsere politische Atmosphäre noch geistloser und langweiliger geworden. Die Kommentatoren sind nervös und vorsichtig. Beide Parteien beanspruchen hastig Siege und bieten müde Rationalisierungen zur Untermauerung ihrer Behauptungen an.

Die Wahrheit lautet, dass es keine Siege gab, da keine Ziele oder Programme auf dem Spiel standen. Beide Parteien haben verloren – und in den meisten Fällen sind die formellen Siege kein Anzeichen dafür, *für* wen die Wähler waren, sondern nur, *gegen* welchen speziellen Kandidaten sie am stärksten waren.

Die Vereinigten Staaten sind zurzeit ein Land ohne politische Ideologie, ohne jegliche intellektuelle Bewegung, ohne Richtung oder Ziel. Wir werden von dem uneingestandenen Wissen gelähmt, dass wir in der abbröckelnden Konstruktion einer „Mischökonomie" gefangen sind – und während die Stützpfeiler unter unseren Füßen knirschen und zusammenbrechen, zanken sich unsere politischen Führer darum, welche Teppiche und Vorhänge sie aus welchen Zimmern rauben können, um damit andere Zimmer zu dekorieren.

Die Frage, die kein Lager zu identifizieren wagt, ist die Tatsache, dass eine „Mischökonomie" eine instabile, unhaltbare Mixtur von Kapitalismus und Sozialismus ist. Die meisten Demokraten wollen keinen Sozialismus einführen, und die meisten Republikaner wollen den Kapitalismus nicht verteidigen. Also sind beide durch Unterlassung auf den niedrigsten aller gemeinsamen Nenner reduziert: zur Position „wohlmeinender Dirigisten", was ein Widerspruch in sich ist.

Die Wähler bekamen nur ein einziges Programm angeboten: den Status Quo – und nur zwei verschiedene Anführer: den, der in den Abgrund springen will, und den, der in den Abgrund kriechen will.

Nichts kann man aus einer solchen Wahl über die politischen Ansichten des Volkes schließen. Man kann jedoch bestimmte Beobachtungen machen.

Nicht das Volk, sondern seine angeblichen Anführer sind apathisch. Die Leute wählten in ungewöhnlich großer Zahl, hatten aber keine eindeutige Möglichkeit, ihre Ansichten registrieren zu lassen.

Das Überschreiten von Parteigrenzen, die Erschütterungen und die unerwarteten Umkehrungen von Vorhersagen scheinen anzudeuten, dass das Volk nach einer ideologischen Geradlinigkeit suchte, die nicht auffindbar war. Parteibücher bedeuten nichts mehr. Niemand wird zum Narren gehalten durch die Vortäuschung, dass eine Stimme für einen Republikaner wie Governor Rockefeller eine Stimme für „Konservatismus" ist, während eine Stimme für einen Demokraten wie Senator Lausche aus Ohio eine Stimme für „Liberalismus" ist.

Auf Bundesebene ist bedeutsam, dass die meisten Amtsinhaber trotz der Angriffe durch Präsident Kennedy wiedergewählt wurden. Auf Staatsebene, wo 12 Gouverneure wechselten, war der Protest offensichtlich: Der Protest richtete sich gegen die Partei, die gerade zufällig an der Macht war.

Es ist bedeutsam, dass so viele Entscheidungen mit so geringem Vorsprung ausfielen. Das Land ist ebenso geteilt wie 1960, und es ist nutzlos oder schlimmer, so zu tun, als ob Präsident Kennedy an Popularität gewonnen hätte.

Wenn eine Stimme für die Demokraten eine Stimme für die New Frontier bedeutet, dann ist es bedeutsam, dass die Demokraten in Staaten mit einer großen Bevölkerung aus Vorstadt-„Intellektuellen" wie Connecticut und Massachusetts gewannen, sie aber in Industriestaaten wie Ohio, Michigan und Pennsylvania verloren. Dies stützt die Behauptung, dass Sozialstaats-Dirigismus ein Produkt der Vorstädte und nicht des industriellen „Proletariats" ist.

Die vielleicht unentschuldbarste Einstellung ist die vieler Republikaner, die deprimiert anführen, dass das Volk gegen Mr. Kennedy hätte stimmen sollen – obwohl von republikanischen Anführern keine echte Kritik an ihm geäußert wurde. Eine Partei, die vom Volk erwartet, den Standpunkt einzunehmen, zu dem sie selbst nicht den Mut hatte, verdient keine Führungsposition.

Das groteskeste Schauspiel in diesem Wahlkampf war der Wahlkommentar von D.H. Jaquith, dem Kandidaten einer sogenannten „Conservative Party" im Staate New York. Der *New York Times* zufolge sieht Mr. Jaquith sich selbst als „Kandidat des Mittelwegs statt der Rechten" an und wird mit den Worten zitiert: „Ich sehe keine Mittelwegler. Die Demokratie zerstört sich selbst, wenn die gewählt werden, die am meisten versprechen."

Wenn Mr. Jaquith keine Mittelwegler in dieser Wahl gesehen hat, muss man sich fragen, was er denn sonst gesehen hat.

Und wenn *das* das Gesichtsfeld derer ist, die als die Verteidiger des Kapitalismus oder von Amerika posieren, dann lassen Sie niemanden sagen, dass der Kapitalismus von der Blindheit des Volkes abgelehnt oder besiegt wurde.

23. *Wie man eine Nation demoralisiert*

25. 11. 1962 – Unter den vielen verblüffenden Aspekten unserer Politik während der Kuba-Krise war der bis heute demoralisierendste eine überflüssige kleine Begebenheit mit gravierenden psychologischen Konsequenzen: die Tatsache, dass Präsident Kennedy am 13.11. eine Aufführung des sowjetischen Bolschoi-Balletts besuchte.

Die Kuba-Krise ist noch nicht vorbei. Die in Mr. Kennedys Erklärung vom 22. Oktober gestellten Bedingungen sind nicht erfüllt worden; Chruschtschow hat uns wie üblich wieder hereingelegt. Soweit wir wissen, sind die Atomraketen noch auf Kuba und warten darauf, auf uns abgeschossen zu werden. Ist das die richtige Zeit für den Präsidenten der Vereinigten Staaten, das sowjetische Ballett zu besuchen?

Am 22. Oktober erklärte Mr. Kennedy, dass die sowjetische Aufrüstung in Kuba eine untolerierbare Bedrohung unserer nationalen Sicherheit sei und dass wir jeden erforderlichen Schritt zu ihrer Ausschaltung unternehmen würden. In den folgenden Tagen sah sich das amerikanische Volk der Möglichkeit eines Atomkrieges gegenüber, der jeden Moment ausbrechen konnte (jedenfalls wenn man den Behauptungen unserer politischen Führer trauen kann). Das Volk sah dem bewundernswert entgegen; es war bereit und gespannt; es glaubte, dass unser Land in tödlicher Gefahr war, und reagierte so, wie Männer es tun würden.

Denken Sie an unsere Streitkräfte – das Marine Corps, die Navy und die Air Force, die zum Sammeln in die Karibik gerufen wurden – und welcher Mut von den Männern und ihren Familien gefordert wurde. Bedenken Sie, welch ruhige Hingabe und welch stillen Heldenmut sie zeigten. Die Situation hat sich nicht geändert; sie sind immer noch auf ihren Posten, der Gefahr des nuklearen Feuers des Feindes ausgesetzt. Was sollen sie fühlen – was erwartet man von ihnen zu fühlen –, wenn sie hören, dass der Präsident einen Abend beim Ballett des Feindes verbringt? Sollte Mr. Kennedy nicht aus Respekt vor ihnen davon Abstand genommen haben, wenn schon aus keinem anderen Grund?

Es ist unmöglich zu glauben, dass ein Präsident eine so zynische Verachtung für die Gefühle des amerikanischen Volkes hat, um bewusst die Implikationen seiner „Verbrüderungsgeste" zu ignorieren. Es ist nicht viel einfacher zu glauben, dass er sich ihrer *nicht* bewusst ist.

Was sollen wir vom Kurs unserer Politik in den letzten zwei Wochen halten? Die Kuba-Krise ist fast im Treibsand der UN versickert – und den seltsamen Blasen nach zu urteilen, die an die Oberfläche steigen, wird irgendein fantastisches Spiel gespielt. Die Frage lautet: Von wem und auf wessen Kosten?

Sicherlich soll die „Inspektion" der verdeckten Kisten an Deck der sowjetischen Schiffe nicht für einen Ersatz für Vor-Ort-Inspektion gehalten oder überhaupt ernst genommen werden. Zu wessen Gunsten lässt sich unsere Marine auf so eine groteske Farce ein?

Uns wird gesagt, dass Diplomatie ein vorsichtiger Prozess sei und dass Mr. Kennedy standfest, aber taktvoll sein müsse. Uns wird auch gesagt, dass die Gefahr eines nuklearen Krieges darin liege, dass Chruschtschow sich verrechnen und es auf die Spitze treiben könnte und er uns für zu weich zum Kämpfen hält. War Mr. Kennedys Ballettbesuch ein Zeichen von Stärke, Standfestigkeit und Entschlossenheit?

Mr. Kennedy tat mehr als nur ein Ballett zu besuchen: Er ging unter Ausschluss aller amerikanischen Reporter zusammen mit dem sowjetischen Botschafter Dobrinin, der als Übersetzer fungierte, hinter die Bühne, um die Tänzer zu beglückwünschen. Arthur Krock kommentierte am 15. November: „Wenn all die amerikanischen Reporter, die den Präsidenten hinter die Bühne begleiten wollten, zugelassen worden wären, dann wäre das Kompliment seines Besuchs abgeschwächt worden. Aber kein Mitglied des Stabes dachte an die übliche Lösung, die Reporter einen Vertreter bestimmen zu lassen, um der kleinen Zeremonie beizuwohnen. Der Repräsentant der TASS wurde jedoch zugelassen, weil, wie später unzureichend erklärt wurde, er schließlich ein Angestellter der russischen Regierung sei.'"

Niemand kann so tun, als ob dies eine Frage von „Kunst" und keine diplomatische Frage gewesen wäre. Die Frage von Kunst ist nicht anwendbar auf irgendeinen Sowjetimport: So etwas wie freie Kunst gibt es in Russland nicht, es gibt nur Staatskunst. Deswegen unterstützt man ungeachtet der Verdienste oder Nicht-Verdienste dieses Imports nicht die Künstler, sondern die Sowjetregierung, wenn man eine sowjetische Ballett-, Konzert- oder Filmaufführung besucht.

Ist das ein angemessenes Verhalten für den Präsidenten der Vereinigten Staaten?

Im letzten Jahrzehnt sind wir von all unseren politischen Führern - und besonders von Mr. Kennedy - darum gebeten worden, unbegrenzte Opfer zu bringen, um unser Land zu retten, weil wir uns in einem kalten Krieg mit einem tödlichen Feind befinden. Uns ist außerdem wiederholt gesagt worden, dass unsere Moral im Krieg lebenswichtig ist, sei er nun kalt oder heiß.

Was wird Mr. Kennedys Geste unserer Moral antun? Wird sie uns zu Opfern inspirieren? Wird sie unser Vertrauen in unsere Anführer und ihre Politik stärken? Wird sie uns dazu verleiten, die Krise (oder irgendetwas) ernst zu nehmen?

Ist das die Art und Weise, wie man einen weltweiten Kreuzzug führt - oder bringt man so zynische Apathie hervor?

Das nächste Mal, wenn Soziologen sich über die Ursachen unserer kulturellen Auflösung, der bitteren Lethargie, des hoffnungslosen Zynismus, der hysterischen Ziellosigkeit, der starren Angst und des Zusammenbruchs von moralischen Maßstäben besonders unter den jungen Menschen wundern, dann sollten sie dies hier beachten.

24. Redefreiheit

2. 12. 1962 – Die Politik der Dirigisten, durch die Pervertierung aller moralischen und politischen Prinzipien intellektuelles Chaos zu schaffen, wurde bei dem schändlichen Fernsehauftritt von Alger Hiss am 11. November auf *ABC* deutlich illustriert.

Dass ein Mann eingeladen wurde, der der Spionage für die Sowjets und des Meineides überführt wurde, um ein Urteil über einen früheren Vizepräsidenten der Vereinigten Staaten zu fällen, ist eine nationale Schande. Dies ist typisch für das extreme Verhalten, zu dem sich bestimmte „Liberale" hinreißen lassen – und kann nur durch den moralischen Protest aller zivilisierten Menschen aufgehalten werden.

Was aber im Nachhall dieses Ereignisses unheilvoll deutlich wurde, sind die Mittel, mit denen die Dirigisten solche Proteste entwaffnen und den letzten Nachhall von Moral in unserer bankrotten Kultur zum Schweigen bringen wollen. Sie haben vor, die Redefreiheit zu zerstören – indem sie die „Redefreiheit" anrufen.

Ohne die vertraglichen Vereinbarungen zu berühren, die zwischen den Sponsoren dieser Sendung, dem Sender und Howard K. Smith existiert haben mögen, so lautet das zu beachtende Grundprinzip: Haben Sponsoren das Recht zu entscheiden, was sie unterstützen wollen – oder verliert ein Mensch das Recht auf seine eigenen Überzeugungen, wenn er ein Fernsehsponsor wird?

Mr. Smiths Verteidiger warfen diese Frage auf und waren nicht in der Lage, die unbeantwortbaren moralischen Anklagen zu beantworten, und schrien, dass jeder Protest eines Sponsors „Zensur" sei.

Redefreiheit bedeutet: Freiheit vor Unterdrückung, Einmischung oder Bestrafung von Seiten des Staates – und nichts anderes. Sie gilt nicht für die Beziehungen eines Menschen mit privaten Individuen, sondern nur für seine Beziehung zum Staat; sie verbietet dem Staat, einen Menschen beim Ausdruck seiner Meinung zu behindern.

Keine private Gruppe kann einen Menschen zum Schweigen bringen – weil kein privates Individuum und keine Gruppe die gesetzliche Macht hat, körperliche Gewalt gegen andere Individuen oder

Gruppen anzuwenden und sie zu zwingen, gegen ihre eigene freiwillige Entscheidung zu handeln. Nur der Staat hat diese Macht.

Das gilt ebenso für Zensur. Keine private Gruppe kann eine Publikation unterdrücken; nur der Staat kann das.

Wenn private Individuen einer Idee nicht zustimmen, können sie sich weigern, zuzuhören oder sich weigern, ihr zu helfen, ihr Vorschub zu leisten oder sie in irgendeiner Weise zu finanzieren oder zu unterstützen - was ihr unveräußerliches Recht ist.

Das Recht auf freie Rede bedeutet nicht, dass andere einen Menschen mit einer Druckerpresse, einem Verlagshaus, einer Zeitung, einem Theater oder einem Fernsehstudio versorgen müssen, mit dem er seine Ansichten ausdrücken kann. Es bedeutet, dass andere nicht gegen ihn oder die, die mit ihm einer Meinung sind, Gewalt anwenden dürfen, um solche Einrichtungen durch eigene Anstrengung im normalen Prozess von freiem Handel zu verdienen.

Aber die Dirigisten versuchen die Idee zu verbreiten, dass ein „Recht" seine materielle Umsetzung mit einschließe - dass das Recht auf „freie Rede" das Recht beinhalte, die finanzielle Unterstützung von anderen zu verlangen, ob diese mit den eigenen Ideen übereinstimmen oder nicht - und dass die Weigerung eines Individuums, einen Gegner zu finanzieren, eine Verletzung der Rechte dieses Gegners darstelle.

Dies bedeutet, dass die Fähigkeit, die materiellen Werkzeuge für die Verbreitung von Ideen bereitzustellen, einen Menschen um das Recht bringt, Ideen zu haben. Es bedeutet, dass ein Verleger die Bücher veröffentlichen muss, die er für wertlos, falsch oder böse hält - und dass ein Fernsehsponsor die Kommentatoren finanzieren muss, die seine Überzeugungen angreifen und ihn vor der gesamten Nation verleumden. Es bedeutet, dass eine Gruppe von Menschen das Recht auf unbegrenzte Freiheit erwirbt - während eine andere Gruppe hilflos zusehen muss.

Wäre irgendetwas, das noch an Freiheit, Gerechtigkeit, Rechte oder Moral erinnert, unter einer solchen Konstruktion möglich?

Keine private Handlung ist „Zensur" oder eine Einschränkung von „freier Rede". Das Recht, nach den eigenen Überzeugungen zu handeln, ist die Vorbedingung für einen Menschen mit Integrität -

und dies beinhaltet das Recht, nicht die eigenen Feinde zu unterstützen. Jeder Mensch ist frei, seine Ansichten zu vertreten, aber er muss die Verantwortung und die Konsequenzen für sie tragen, einschließlich Ablehnung, Opposition und Unbeliebtheit.

Es sind genau die Rechte von unpopulären Minderheiten, von Dissidenten oder Innovatoren, die das politische Konzept von „freier Rede“ schützen soll. Seine Funktion besteht darin, Dissidenten vor gewaltsamer Unterdrückung zu schützen - nicht ihnen Unterstützung, Vorteile oder eine Popularität zu verschaffen, die sie nicht verdient haben.

Die verfassungsmäßige Garantie von Redefreiheit lautet: „Der Kongress soll kein Gesetz erlassen, das die Redefreiheit oder die Pressefreiheit einschränkt...“ Sie verlangt nicht, dass private Bürger dem Mann ein Mikrophon hinstellen müssen, der ihre Zerstörung will, sie dem Räuber einen Schlüssel geben müssen, der ihr Eigentum stehlen will oder sie dem Mörder ein Messer geben müssen, der ihnen die Kehle durchschneiden will.

25. *Das München des 3. Weltkrieges?*

9. 12. 1962 – „Weder die Vereinigten Staaten von Amerika noch die Weltgemeinschaft der Nationen können absichtliche Täuschungen und offensive Drohungen von Seiten irgendeiner Nation, sei sie groß oder klein, tolerieren", sagte Präsident Kennedy am 22. Oktober.

Er zitierte die Äußerungen der Sowjetregierung, dass keinerlei offensive Waffen nach Kuba geschickt worden seien – und er erklärte feierlich, dass diese Äußerungen falsch seien.

Bei der Aufzählung der für die Verteidigung unserer Sicherheit notwendigen Schritte sagte er: „Unsere Resolution wird den sofortigen Abbau und den Rückzug aller Offensivwaffen aus Kuba unter der Aufsicht von UN-Beobachtern fordern, bevor die Blockade aufgehoben werden kann."

Am 20. November erklärte Mr. Kennedy in seiner Nachrichtenkonferenz: „Ich bin heute vom Vorsitzenden Chruschtschow darüber informiert worden, dass alle nun in Kuba befindlichen IL-28 Bomber innerhalb von 30 Tagen aus Kuba abgezogen werden... Ich habe den Verteidigungsminister heute Nachmittag angewiesen, die Seeblockade aufzuheben."

Warum? Was ist passiert, damit Mr. Kennedy zurückweicht und als Garantie für unsere nationale Sicherheit das Wort eines Mannes akzeptiert, den er vor nur einem Monat als Lügner gebrandmarkt hatte?

Während dieses Monats hatte Chruschtschow uns schon wieder hinters Licht geführt. Die von Mr. Kennedy aufgestellten Bedingungen sind nicht erfüllt worden. Das Versprechen von Inspektionen vor Ort ist gebrochen worden. Der einzige öffentliche Beweis für den Abbau der kubanischen Basen stammt von unseren eigenen Luftaufnahmen. Soweit wir wissen und was die vorliegenden Beweise angeht, könnten die Atomraketen noch auf Kuba sein und auf uns abgeschossen werden.

Da keine Inspektionen arrangiert wurden und unsere Blockade trotzdem aufgehoben wurde – wie können wir wissen, ob alle Bomber abgezogen werden oder ob die 30-Tage-Periode nicht dazu benutzt werden wird, mehr Waffen nach Kuba zu bringen, so heimlich, wie es auch vorher geschah? Welche Sicherheit haben wir? Keine, außer Chruschtschows Wort.

Die Kuba-Krise ist noch nicht vorbei. Sie ist nur auf ein Nebengleis verschoben worden, um im Treibsand der UN zu versickern - und wenn wir nach den seltsamen Blasen urteilen, die an die Oberfläche treiben, dann wird irgendein fantastisches Spiel gespielt. Die Frage lautet: Von wem und auf wessen Kosten?

Sicherlich soll die „Inspektion" der verhüllten Kisten an Deck der sowjetischen Schiffe nicht als Ersatz für Vor-Ort-Inspektion dienen oder überhaupt ernst genommen werden. Zu wessen Gunsten lässt sich unsere Marine auf so eine groteske Farce ein?

Anscheinend zugunsten des amerikanischen Volkes - weil Mr. Kennedy am 20. November erklärte: „Und unsere Inspektion dieser Schiffe hat bestätigt, dass die Raketen auf Kuba, deren von der Sowjetunion angegebene Anzahl mit unseren eigenen Informationen übereinstimmt, abgezogen wurden."

Es ist schwer zu sagen, welche der zwei Möglichkeiten schlimmer ist: dass Mr. Kennedy die Intelligenz des amerikanischen Volkes für so niedrig einschätzt - oder dass seine eigene Gutgläubigkeit so groß ist.

Wenn wir andere Informationsquellen hatten, warum dann die Öffentlichkeit durch Bezugnahme auf diese „Inspektion" beleidigen? Wenn wir keine anderen Quellen hatten - akzeptiert unser Oberbefehlshaber dies als militärischen Beweis?

Am 22. Oktober erklärte Mr. Kennedy, dass das in Kuba aufgestellte kommunistische Militär „von unserem Land nicht akzeptiert werden kann, wenn unserem Mut und unseren Verpflichtungen je wieder vertraut werden soll, sei es von Freund oder Feind."

Wie kann ihnen denn jetzt vertraut werden? Nachdem sich die freie Welt einstimmig und enthusiastisch hinter Mr. Kennedys Standpunkt gestellt hatte, so sah sie nun seinen schrittweisen und anscheinend grundlosen Rückzug. Sie sah, wie Mr. Kennedy unser Recht aufgab, objektive Beweise für unsere Sicherheit zu verlangen.

Wenn wir annehmen, dass Mr. Kennedys Forderungen zumindest bis zu einem bestimmten Ausmaß erfüllt wurden, dass Kuba teilweise entwaffnet wurde und dass dies ein symbolischer Sieg für die Vereinigten Staaten war, da er Russland gezwungen hatte, sich zurückzuziehen und Gehorsam vorzutäuschen - warum arbeiten Mr. Kennedys Berater dann so hart daran, selbst diesen kleinen Sieg noch herunterzuspielen?

„Wir haben unsere Freunde davor gewarnt, zu viele Schlüsse aus der Kuba-Krise zu ziehen. Die Sowjetunion bleibt eine Großmacht." Nein, nicht Mikojan hat das gesagt. Minister Rusk hat das gesagt.

Als Belohnung für sein Versagen, die Vor-Ort-Inspektionen zu arrangieren, ist U Thant zum Generalsekretär der Vereinten Nationen gewählt worden. Bei der Diskussion seiner Politik erklärte er, dass diese internationale Krise „auf der Basis von Kompromiss und dem Prinzip von Geben und Nehmen auf beiden Seiten" gelöst werden sollte.

Kompromiss - zwischen Aggressoren und Opfern? Das „Geben" von Zugeständnissen als Austausch für die Rücknahme von Drohungen? Ein internationales Spiel von nuklearer Erpressung?

Wir wissen nicht, welche Ziele oder Motive die UN regieren. Es ist wahrscheinlich, dass wir bis nach der nächsten sowjetischen Freveltat auch nicht erfahren werden, welchen Zweck die Kuba-Krise erfüllen sollte. Wir können nur beobachten - und hoffen, dass die UN-Clique die Kuba-Krise nicht zum München des 3. Weltkrieges gemacht hat.

26. Vandalismus

16. 12. 1962 – Die Vandalen waren ein Barbarenvolk, das im 5. Jahrhundert Rom plünderte und sich durch blindwütige Angriffe auf besondere Opfer hervortat: auf Kunstwerke. Sie hinterließen eine Spur von mutwillig zerstörten, entstellten und zerstückelten Denkmälern – und ein unfassbares eigenes Denkmal: einen neuen Begriff in der Sprache der zivilisierten Menschen.

„Vandalismus" ist dem Wörterbuch zufolge die „vorsätzliche oder ignorante Zerstörung von künstlerischen oder literarischen Schätzen."

Ein Akt des Vandalismus wurde am 6. Dezember auf NBC ausgestrahlt; das Opfer war *Cyrano de Bergerac* von Rostand.

Künstlerische Unfähigkeit ist an sich ohne Bedeutung; aber die besondere Art von Unfähigkeit, die in dieser Darbietung gezeigt wurde, ist ein Maßstab für die Strecke, die unsere Kultur auf ihrem Weg in die Neo-Barbarei zurückgelegt hat.

Cyrano de Bergerac ist eine Hymne an die Integrität des Menschen, seine Unabhängigkeit und seine Selbstachtung – ein heroisches Menschenbild, das von Leid und Tragik unberührt ist. Dass ein solches Bild der modernen Kultur fremd ist, ist offensichtlich, und dass die heutigen „Künstler" solche Werte nicht erfolgreich umsetzen können, wäre nicht weiter erstaunlich. Aber der fast angsteinflößende Aspekt dieser Sendung lag in der Tatsache, dass seine Vollstrecker nicht einmal in der Lage waren, diese Werte zu identifizieren – als ob das Konzept „Selbstachtung" für sie unvorstellbar wäre.

Ihre „moderne" Version präsentierte Cyrano als Beatnik: als einen ungekämmten, sich selbst bemitleidenden Neurotiker mit einem Minderwertigkeitskomplex, der seine große Nase durch kämpferische Unverschämtheit, billige Clownerie und elendes Jammern „kompensierte".

In Rostands Stück ist Cyranos brillanter Humor der Ausdruck eines Mannes, der seine eigene intellektuelle Virtuosität genießt und der das Leben farbenfroh gestaltet, wo immer er geht und steht und was immer er tut, um des Lebens und seiner selbst willen. In Christopher Plummers Aufführung ist er ein würdeloser Clown, der die Leute anspuckt und gleichzeitig um Beachtung bettelt.

Anstelle von Rostands Held, dessen Seele vor Tragödien nie kapitulieren würde, winselte Mr. Plummers Kreatur mit einer abgehackten, gezierten und senilen Stimme und bettelte tränenreich um Mitleid. Die zahlreichen Nahaufnahmen zeigten ein Gesicht, das sich der Bedeutung und der Geräusche unbewusst zu sein schien, die es mit unfokussierten Augen, zitterndem Kiefer und seltsamen, kauenden Lippenbewegungen rezitierte, die auf ein schlecht sitzendes Gebiss hindeuten.

Anstelle von Rostands triumphierender Integrität in der berühmten „Nein, danke"-Rede, zischte sich Mr. Plummer mit einer giftigen Bösartigkeit durch die Rede und gab den Hass eines verbitterten Feiglings auf das ganze Universum von sich.

Dies ist der Schlüssel zur astronomischen Entfernung zwischen Rostand und der Psychologie der „Modernen": Immer; wenn Rostand Großherzigkeit im Sinn hatte, wurde sie durch Boshaftigkeit ersetzt.

Statt Großherzigkeit strahlte Cyrano einen boshaften Bluff aus, als er Christian beschützte. Statt Großherzigkeit strahlte Christian boshafte Verachtung für Cyrano aus, als er verlangte, dass man Roxanne die Wahrheit sagt. Was Roxanne angeht, so huschte statt einer romantischen Frau, die geistige Schönheit und Größe sucht, ein launenhaftes kleines Revuegirl herum, das schmollte, wenn ihre Liebhaber ihren Launen nicht gehorchten.

Das Drehbuch war ein hingeschlachtetes, von einem Vandalen willkürlich zerstückeltes Überbleibsel des Originals, der nicht begreift, warum man *Cyrano de Bergerac* nicht um die Hälfte kürzen kann. Die Regie wäre schon für eine High-School-Vorstellung peinlich gewesen. Alle Schauspieler schwafelten brillante Sätze, als ob sie unartikulierte Grunzlaute von sich gäben – und es war schwer zu sagen, ob dies Methode oder nur nackte Idiotie war.

In seinem Vorwort zu *Cyrano de Bergerac* schrieb Clayton Hamilton 1923, dass er Walter Hampden überzeugt hätte, „das berauschendste Theaterstück unserer Zeit" wieder zu beleben, indem er ihm gesagt hatte: „Ich möchte Cyrano wieder sehen; aber ich denke auch an die vielen jungen Menschen, die es noch nie gesehen haben. Wollen Sie denen nicht eine Chance geben?"

Ich denke an die vielen jungen Menschen, die nun seine Leiche im Fernsehen gesehen haben. Heute, wo wir so viel über die Bildungsaufgaben des Fernsehens hören, wundere ich mich über die ethischen Maßstäbe derer, die den jungen Menschen die Kenntnis von romantischer Kunst rauben und ihnen dieses rührselige Stück neurotischer Anmaßung unterjubeln und ihnen den Anreiz nehmen, das erbaulichste Erlebnis zu entdecken, die das Theater je zu bieten hatte.

Es gibt einen Zustand an kulturell-ästhetischer Auflösung, der noch niedriger ist als die Anbetung menschlicher Verkommenheit, der Verachtung der romantischen Literatur und ihrer Vision des Intellekts, der Integrität, des Heroismus und der Selbstachtung. Es gibt einen Zustand, der noch niedriger ist als der von Menschen, die lieber Tennessee Williams als Edmond Rostand sehen: der Zustand derer, die keinen Unterschied zwischen beiden sehen.

RAND COLUMN DISCONTINUED

The Ayn Rand column which has appeared weekly in these pages has been discontinued by mutual consent. Miss Rand told The Times the pressure of work prevents her from doing adequate research for her columns.

She also said anyone interested in her philosophy of Objectivism may write to Objectivist Newsletter, 16 East 35th St., New York 16.

Mitteilung am 23. Dezember 1962: die Kolumne werde „in beiderseitigem Einverständnis" nicht weitergeführt, die Arbeitsbelastung sei zu hoch.

II. Texte (1946-1979)

Lehrbuch des Amerikanismus

Dieser Artikel erschien 1946 ursprünglich in *The Vigil*, einer Publikation der *Motion Picture Alliance for the Preservation of American Ideals* aus Beverly Hills, Kalifornien. Sie behandelte politische Fragen zum Zwecke der Definition und Klarstellung der enthaltenen Grundprinzipien. Die 12 hier abgedruckten Fragen sind das erste Drittel eines längeren Projekts, das nie fertiggestellt wurde.

1. Um welche Grundfrage geht es heute weltweit?

Heute geht es weltweit um die Grundfrage zwischen zwei Prinzipien: Individualismus und Kollektivismus.

Individualismus sagt, dass der Mensch unveräußerliche Rechte hat, die ihm von keinem anderen Menschen, keiner Anzahl von Menschen und keiner Gruppe genommen werden können. Somit existiert jeder Mensch um seiner Selbst willen, nicht um der Gruppe willen.

Kollektivismus sagt, dass der Mensch keine Rechte hat; dass seine Arbeit, sein Körper und seine Persönlichkeit der Gruppe gehören; dass die Gruppe mit ihm machen kann, was sie will, in jeder Weise, die ihr gefällt, zugunsten dessen, was sie als ihr eigenes Wohl ausgibt. Somit existiert jeder Mensch durch die Erlaubnis der Gruppe und um der Gruppe willen.

Diese zwei Prinzipien sind der Kern von zwei entgegengesetzten Gesellschaftssystemen.

Die Grundfrage der heutigen Welt ist die zwischen diesen zwei Systemen.

2. Was ist ein Gesellschaftssystem?

Ein Gesellschaftssystem ist ein Gesetzeskodex, den Menschen zum Zwecke des Zusammenlebens beachten. Solch ein Kodex muss ein Grundprinzip, einen Ausgangspunkt, haben, sonst kann er nicht ausgearbeitet werden. Der Ausgangspunkt ist die Frage: *Ist die Macht der Gesellschaft begrenzt oder unbegrenzt*?

Individualismus antwortet: Die Macht der Gesellschaft wird begrenzt durch die unveräußerlichen individuellen Rechte der Menschen. Die Gesellschaft kann nur Gesetze erlassen, die diese Rechte nicht verletzen.

Kollektivismus antwortet: Die Macht der Gesellschaft ist unbegrenzt. Die Gesellschaft kann alle Gesetze erlassen, die sie erlassen will und sie jedem aufzwingen.

Als Beispiel: In einem System des *Individualismus* kann eine Million Menschen kein Gesetz erlassen, das einen Menschen zu ihren Gunsten tötet. Wenn sie es trotzdem tun, brechen sie das Gesetz, welches sein Recht auf sein Leben schützt – und sie werden bestraft.

In einem System des *Kollektivismus* kann eine Million Menschen (oder jeder, der behauptet sie zu repräsentieren) ein Gesetz verabschieden, einen Menschen (oder irgendeine andere Minderheit) zu töten, wenn sie denken, dass sie von seinem Tod profitieren würden. Sein Recht auf Leben wird nicht anerkannt.

Im Individualismus ist es illegal, einen Menschen zu töten, und es ist legal, dass er sich selbst schützen kann. Das Gesetz ist auf der Seite des *Rechts.* Im Kollektivismus ist es für die Mehrheit legal, einen Menschen zu töten, und es ist für ihn illegal, sich zu verteidigen. Das Gesetz ist auf der Seite der *Mehrheit.*

Im ersten Fall stellt das Gesetz ein moralisches Prinzip dar.

Im zweiten Fall repräsentiert das Gesetz die Idee, dass es keine moralischen Prinzipien gibt und dass Menschen alles tun dürfen, was sie wollen, vorausgesetzt, dass sie zahlreich genug sind.

In einem System von Individualismus sind alle Menschen vor dem Gesetz gleich. Jeder hat die gleichen Rechte, ob er allein ist oder eine Million andere bei sich hat.

Unter einem System von Kollektivismus müssen Menschen sich zusammenrotten – und wer zurzeit die größte Bande hat, hat alle Rechte, während der Verlierer (das Individuum oder die Minderheit) *keine* hat. Jeder Mensch kann ein absoluter Herr oder ein hilfloser Sklave sein – je nach Größe seiner Bande.

Als Beispiel für das erste System: *die Vereinigten Staaten von Amerika* (siehe die Unabhängigkeitserklärung).

Ein Beispiel für das zweite System: *Sowjetrussland* und *Nazi-Deutschland.*

Unter dem Sowjetsystem wurden Millionen Bauern oder „Kulaken“ per Gesetz ermordet, was durch den Vorwand gerechtfertigt wurde, dass dies zugunsten der Mehrheit sei, von der die herrschende Gruppe behauptete, dass sie gegen die Kulaken sei. Unter dem Nazi-System wurden Millionen Juden durch Gesetz ermordet, was durch den Vorwand gerechtfertigt wurde, dass dies zugunsten der Mehrheit sei, von der die herrschende Gruppe behauptete, dass sie antisemitisch sei.

Das Sowjetgesetz und das Nazi-Gesetz waren das unausweichliche und konsequente Resultat des Prinzips des Kollektivismus. In der Praxis kann ein Prinzip, das Moral und individuelle Rechte nicht anerkennt, nur zu Brutalität führen.

Behalten Sie das im Gedächtnis, wenn Sie versuchen zu entscheiden, welches das richtige Gesellschaftssystem ist. Sie müssen damit anfangen, die erste Frage zu beantworten. *Entweder ist die Macht der Gesellschaft begrenzt oder nicht.* Sie kann nicht beides sein.

3. Wie lautet das Grundprinzip Amerikas?

Das Grundprinzip der Vereinigten Staaten von Amerika ist Individualismus.

Amerika ist auf dem Prinzip gegründet, dass der Mensch unveräußerliche Rechte besitzt;

- dass diese Rechte jedem Menschen als Individuum gehören - nicht „Menschen“ als Gruppe oder Kollektiv;
- dass diese Rechte das unbedingte, private, persönliche, individuelle Eigentum jedes Menschen sind - nicht das allgemeine, gesellschaftliche, kollektive Eigentum einer Gruppe;
- dass der Mensch diese Rechte von Geburt an besitzt - nicht durch eine Handlung der Gesellschaft;
- dass der Mensch diese Rechte nicht *vom* Kollektiv oder *für* das Kollektiv hat, sondern *gegen* das Kollektiv - als Grenze, die das Kollektiv nicht übertreten darf;
- dass diese Rechte der Schutz eines jeden Menschen gegen andere Menschen sind;

- dass Menschen nur auf der Basis dieser Rechte eine Gesellschaft aus Freiheit, Gerechtigkeit, Menschenwürde und Anstand erreichen können.

Die Verfassung der Vereinigten Staaten von Amerika ist kein Dokument, das die Rechte des Menschen beschränkt, sondern ein Dokument, das die Macht der Gesellschaft über den Menschen beschränkt.

4. Was ist ein Recht?

Ein Recht ist die Billigung von unabhängiger Handlung. Ein Recht ist das, was ohne die Erlaubnis anderer ausgeübt werden kann.

Wenn Sie nur existieren, weil die Gesellschaft es Ihnen erlaubt – dann haben Sie kein *Recht* auf Ihr Leben. Eine Erlaubnis kann jederzeit entzogen werden.

Wenn Sie vor dem Ausführen einer Handlung die Erlaubnis der Gesellschaft bekommen müssen, sind Sie nicht frei – ob Ihnen diese Erlaubnis nun gewährt wird oder nicht. Nur ein Sklave handelt durch Erlaubnis. Eine Erlaubnis ist kein Recht.

Machen Sie an dieser Stelle nicht den Fehler zu denken, dass ein Arbeiter ein Sklave ist und dass er seine Stelle durch die Erlaubnis seines Arbeitgebers hat. Er hat sie nicht durch Erlaubnis, sondern durch Vertrag, d.h. durch eine freiwillige gegenseitige Vereinbarung. Ein Arbeiter kann seine Stelle kündigen. Ein Sklave nicht.

5. Was sind die unveräußerlichen Menschenrechte?

Die unveräußerlichen Menschenrechte sind: Leben, Freiheit und das Streben nach Glück.

Das Recht auf Leben bedeutet, dass dem Menschen sein Leben nicht genommen werden darf, sei es zugunsten eines anderen Menschen oder zugunsten einer Anzahl anderer Menschen.

Das Recht auf Freiheit bedeutet das Recht auf individuelle Handlung, individuelle Entscheidung, individuelle Initiative und individuelles Eigentum. Ohne das Recht auf Privateigentum ist keine unabhängige Handlung möglich.

Das Recht auf Streben nach Glück bedeutet das Recht, für sich selbst zu leben, zu entscheiden, was das eigene private, persönliche, individuelle Glück darstellt und für dessen Erreichung zu arbeiten, solange man die Rechte anderer respektiert. Es bedeutet, dass der Mensch nicht gezwungen werden darf, sein Leben dem Glück anderer Menschen zu widmen. Es bedeutet, dass das Kollektiv nicht entscheiden darf, was der Zweck seines Lebens sein soll und dass es ihm sein Glück nicht vorschreiben darf.

6. Wie erkennen wir die Rechte anderer Menschen an?

Da der Mensch unveräußerliche individuelle Rechte besitzt, bedeutet dies, dass alle Menschen ebendiese Rechte individuell und zu jeder Zeit besitzen. Deswegen können und dürfen die Rechte des einen Menschen nicht die Rechte eines anderen verletzen.

Ein Mensch hat z.B. das Recht auf Leben, aber er hat kein Recht, einem anderen das Leben zu nehmen. Er hat das Recht, frei zu sein, aber kein Recht, andere zu versklaven. Er hat das Recht, sein eigenes Glück zu wählen, aber kein Recht zu entscheiden, dass sein Glück im Elend (oder der Ermordung, Beraubung oder Versklavung) anderer liegt. Genau das Recht, nach dem er handelt, definiert dasselbe Recht für einen anderen Menschen und dient als Leitlinie dafür, was er tun darf und was nicht.

Machen Sie nicht den Fehler der Ignoranten, die denken, dass ein Individualist ein Mensch ist, der sagt: „Ich mache was ich will - auf Kosten aller anderen." Ein Individualist ist ein Mensch, der die unveräußerlichen Rechte des Menschen anerkennt - sein eigenes und das der anderen.

Ein Individualist ist jemand der sagt: „Ich werde weder anderen Menschen ihr Leben vorschreiben, noch lasse ich mir meins vorschreiben. Ich will nicht herrschen oder beherrscht werden. Ich werde weder Herr noch Sklave sein. Ich werde mich nicht für andere opfern - oder andere für mich opfern."

Ein Kollektivist ist jemand, der sagt: „Kommt Jungs, wir bilden eine Bande - dann ist alles erlaubt!"

7. Wie bestimmen wir, ob ein Recht verletzt wurde?

Ein Recht kann nur durch körperliche Gewalt verletzt werden. Ein Mensch kann keinem anderen sein Leben nehmen, ihn versklaven oder ihm verbieten, sein Glück zu suchen, außer durch die Anwendung von Zwang. Wenn ein Mensch gezwungen wird, ohne seine freie, persönliche, individuelle, *freiwillige* Zustimmung zu handeln, ist sein Recht verletzt worden.

Deswegen können wir eine klare Unterscheidung zwischen den Rechten des einen Menschen und denen eines anderen ziehen. Es ist eine *objektive* Unterscheidung, die nicht Meinungsunterschieden, Mehrheitsentscheidungen oder den willkürlichen Dekreten der Gesellschaft unterworfen ist. **Niemand hat das Recht, die Anwendung von körperlicher Gewalt gegen einen anderen Menschen zu initiieren.**

Die praktische Verhaltensregel in einer freien Gesellschaft, einer Gesellschaft des Individualismus, ist einfach und klar umrissen: Man kann von einem Menschen ohne seine freie, freiwillige Zustimmung keine Handlung erwarten oder verlangen.

Lassen Sie sich in diesem Punkt nicht von einem alten kollektivistischen Trick verwirren, der wie folgt funktioniert: Es gibt sowieso keine absolute Freiheit, da Sie nicht die Freiheit zu Morden haben; die Gesellschaft schränkt Ihre Freiheit ein, wenn sie Ihnen nicht erlaubt, zu töten; deswegen hat die Gesellschaft das Recht, Ihre Freiheit einzuschränken, wie es ihr beliebt; geben Sie deswegen also die Illusion von Freiheit auf – Freiheit ist das, wovon die Gesellschaft entscheidet, es sei Freiheit.

Nicht die Gesellschaft verbietet Ihnen zu töten – sondern das unveräußerliche *individuelle* Recht eines Menschen auf sein Leben. Dies ist kein „Kompromiss" zwischen zwei Rechten – sondern eine Trennlinie, die beide Rechte unberührt lässt. Die Trennung wird nicht von einem Edikt der Gesellschaft abgeleitet, sondern von Ihrem eigenen unveräußerlichen individuellen Recht. Die Definition dieser Trennung wird nicht willkürlich von der Gesellschaft gesetzt, sondern ist implizit in der Definition Ihres eigenen Rechts.

Innerhalb der Sphäre Ihrer eigenen Rechte ist Ihre Freiheit absolut.

8. Was ist die legitime Funktion des Staates?

Die legitime Funktion des Staates ist der Schutz von individuellen Rechten, d.h. der Schutz des Menschen gegen nackte Gewalt.

In einem legitimen Gesellschaftssystem benutzen Menschen nicht Gewalt gegeneinander; Gewalt darf nur zur Selbstverteidigung angewendet werden, d.h. als Verteidigung eines durch Gewalt verletzten Rechts. Menschen übertragen dem Staat die Macht, Gewalt als Erwiderung anzuwenden - und *nur* als Erwiderung.

Eine legitime Regierung initiiert die Anwendung von Gewalt nicht. Sie benutzt Gewalt nur als Antwort auf die, die ihre Anwendung initiiert haben. Wenn eine Regierung z.B. einen Verbrecher verhaftet, dann ist es nicht die Regierung, die ein Recht verletzt; es ist der Kriminelle, der ein Recht verletzt hat und sich somit außerhalb des Prinzips der Rechte gestellt hat, wo Menschen außer Gewalt kein Mittel gegen ihn haben.

Es ist wichtig, sich daran zu erinnern, dass alle in einer freien Gesellschaft als Verbrechen definierte Handlungen Gewalt beinhalten - und nur solchen Handlungen wird durch Gewalt geantwortet.

Lassen Sie sich nicht von solch schlampigen Ausdrücken wie „Ein Mörder begeht ein Verbrechen an der Gesellschaft" verwirren. Der Mörder ermordet nicht die Gesellschaft, sondern einen individuellen Menschen. Er verletzt kein gesellschaftliches, sondern ein individuelles Recht. Er wird nicht bestraft, weil er ein Kollektiv verletzt hat - er hat kein ganzes Kollektiv verletzt - er hat einen einzelnen Menschen verletzt. Wenn ein Verbrecher zehn Menschen beraubt, so hat er nicht die „Gesellschaft" beraubt, sondern zehn Individuen. Es gibt keine „Verbrechen gegen die Gesellschaft" - alle Verbrechen werden gegen spezifische Menschen verübt, gegen Individuen. Und es ist genau die Pflicht eines legitimen Gesellschaftssystems und einer legitimen Regierung, ein Individuum gegen kriminelle Angriffe - gegen Gewalt - zu schützen.

Wenn jedoch der Staat ein *Initiator von Gewalt* wird, dann ist die enthaltene Ungerechtigkeit und die moralische Verkommenheit wahrlich unaussprechlich.

Wenn eine kollektivistische Regierung z.B. einem Mann befiehlt zu arbeiten und ihm unter Androhung von Tod oder Gefängnis eine Stelle zuweist, dann ist es der Staat, der die Anwendung von Gewalt beginnt. Dieser Mann hat gegen niemanden Gewalt angewendet - aber der Staat benutzt Gewalt gegen ihn. Es gibt keine mögliche theoretische Rechtfertigung für eine solche Verfahrensweise. Und es gibt nur ein mögliches Ergebnis in der Praxis - das Blut und den Terror, den Sie in jedem kollektivistischen Land sehen können.

Die moralische Perversion dabei ist folgende: Wenn Menschen keine Regierung und kein Gesellschaftssystem hätten, dann müssten sie durch nackte Gewalt existieren und sich bei jeder Meinungsverschiedenheit bekämpfen. In einem solchen Zustand hätte ein Mensch eine faire Chance gegen einen anderen; aber er hätte keine Chance gegen zehn andere. Gegen ein *Individuum* braucht ein Mensch keinen Schutz, sondern *gegen eine Gruppe*. In einem solchen Zustand der Anarchie, in dem jede Mehrheitsbande machen könnte, was sie wollte, könnte sich eine Minderheit trotzdem mit den ihr verfügbaren Mitteln wehren. Und diese Bande könnte ihre Herrschaft nicht verewigen.

Kollektivismus geht noch einen Schritt unter die primitive Barbarei zurück: Er nimmt dem Menschen auch nur die Chance, sich zu wehren. Er macht Gewalt legal - und Widerstand dagegen illegal. Er gibt dem Gesetz der organisierten nackten Gewalt einer Mehrheit (oder jedem, der behauptet, sie zu repräsentieren) seine Billigung - und verwandelt die Minderheit in ein hilfloses, entwaffnetes Objekt der Vernichtung. Wenn Sie sich eine bösartigere Perversion von Gerechtigkeit vorstellen können, nennen Sie sie.

Wenn eine kollektivistische Gesellschaft in der Praxis die Rechte einer Minderheit (oder eines einzelnen Menschen) verletzt, ist das Resultat, dass die Mehrheit ihre Rechte auch verliert und sich der totalen Macht einer kleinen Gruppe ausgeliefert sieht, die durch nackte Gewalt herrscht.

Wenn Sie den Unterschied zwischen der Anwendung von Gewalt als Erwiderung (wie sie von der Regierung in einer individualistischen Gesellschaft benutzt wird) und der Anwendung von Gewalt als primäre Verhaltensweise (wie sie von der Regierung einer kollektivistischen Gesellschaft benutzt wird) verstehen wollen, so ist hier das einfachste Beispiel dafür: Es ist der gleiche Unterschied wie der zwischen einem Mörder und einem Mann, der aus Selbstverteidigung tötet. Ein legitimer Staat handelt nach dem Prinzip der Selbstverteidigung. Ein kollektivistischer Staat handelt wie ein Mörder.

9. Kann es ein „gemischtes" Gesellschaftssystem geben?

Es kann kein Gesellschaftssystem geben, das eine Mischung aus Individualismus und Kollektivismus ist. Entweder werden individuelle Rechte in einer Gesellschaft anerkannt oder nicht. Sie können nicht halb anerkannt werden.

Häufig kommt es jedoch vor, dass eine auf Individualismus beruhende Gesellschaft nicht den Mut, die Integrität und Intelligenz hat, um ihre eigenen Prinzipien konsequent in die Tat umzusetzen. Durch Unwissenheit, Feigheit oder mentale Faulheit verabschiedet solch eine Gesellschaft Gesetze und akzeptiert Vorschriften, die ihrem Grundprinzip widersprechen und die die Rechte der Menschen verletzen. Zum Ausmaß solcher Verletzungen begeht die Gesellschaft Ungerechtigkeiten und Verbrechen. Wenn diese nicht korrigiert werden, dann kollabiert diese Gesellschaft im Chaos des Kollektivismus.

Wenn Sie eine Gesellschaft sehen, die die Rechte der Menschen in einigen Gesetzen anerkennt, aber in anderen nicht - preisen Sie das nicht als „gemischtes" System und folgern Sie daraus nicht, dass ein Kompromiss zwischen Grundprinzipien, die in der Theorie Gegenteile sind, in der Praxis funktionieren kann. Solch eine Gesellschaft funktioniert nicht - sie löst sich bloß auf. Auflösung dauert. Nichts fällt sofort in Stücke - weder ein menschlicher Körper noch eine menschliche Gesellschaft.

10. Kann eine Gesellschaft ohne ein moralisches Prinzip existieren?

Viele Menschen haben heute die kindische Idee, dass eine Gesellschaft alles tun könne, was ihr beliebt; dass Prinzipien unnötig seien, Rechte nur eine Illusion seien und dass *Zweckdienlichkeit* die richtige Handlungsanleitung sei.

Es ist wahr, dass eine Gesellschaft moralische Prinzipien aufgeben und sich selbst in eine amoklaufende Herde verwandeln kann, genau wie es wahr ist, dass ein Mensch sich selbst die Kehle durchschneiden *kann*, wenn er es will. Aber ein Mensch kann es *nicht* tun, wenn er überleben will. Und wenn eine Gesellschaft existieren will, kann sie moralische Prinzipien *nicht* aufgeben.

Eine Gesellschaft ist eine Anzahl von Menschen, die im selben Land zusammenleben und die miteinander umgehen. Wenn es keinen definierten objektiven Moralkodex gibt, den Menschen verstehen und beachten, haben sie keine Möglichkeit, miteinander umzugehen – da sie nicht wissen können, was sie von ihrem Nachbarn zu erwarten haben. Der Mensch, der keine Moral anerkennt, ist ein Krimineller. Wenn Sie es mit einem Verbrecher zu tun haben, können Sie nur versuchen, ihm den Schädel einzuschlagen, bevor er Ihren einschlägt; Sie haben keine andere Sprache, keine gemeinsam akzeptierten Bedingungen. Von einer Gesellschaft ohne Moralprinzipien zu sprechen, heißt, dass Menschen wie Verbrecher miteinander leben sollen.

Wir beachten aus Tradition immer noch so viele moralische Gebote, dass wir sie für selbstverständlich halten, und bemerken nicht, wie viele unserer Handlungen des täglichen Lebens nur durch Moralprinzipien ermöglicht werden. Warum ist es für Sie ungefährlich, in einen überfüllten Laden zu gehen, etwas zu kaufen und wieder herauszukommen? Die Menge um Sie herum braucht die Waren auch; die Menge könnte mit Leichtigkeit die wenigen Verkäufer überwältigen und den Laden zusammen mit Ihren Sachen und Ihrer Brieftasche plündern. Warum tut sie es nicht? Es gibt nichts, dass sie aufhält und nichts, was Sie schützt – *außer dem moralischen Prinzip Ihres individuellen Rechts auf Leben und Eigentum.*

Machen Sie nicht den Fehler, zu denken, dass die Menschenmassen nur aus Angst vor der Polizei zurückgehalten werden. Es gäbe auf der Welt nicht genug Polizisten, wenn Menschen glauben würden, dass Plündern richtig und praktisch sei. Und wenn Menschen das glauben, warum sollten die Polizisten es nicht auch glauben? Wer sollte also noch Polizist werden?

Nebenbei besteht die Pflicht eines Polizisten in einer kollektivistischen Gesellschaft nicht darin, Ihre Rechte zu schützen, sondern darin, sie zu verletzen.

Es wäre für diese Menschenmenge sicherlich zweckdienlich, den Laden zu plündern – wenn wir die Zweckdienlichkeit des Augenblicks als sichere und legitime Handlungsanleitung ansähen. Aber wie viele Läden, Fabriken, Bauernhöfe oder Häuser gäbe es unter dieser Regel der Zweckdienlichkeit und für wie lange?

Wenn wir Moral aufgeben und sie durch die kollektivistische Doktrin der unbegrenzten Mehrheitsherrschaft ersetzen, wenn wir die Idee akzeptieren, dass eine Mehrheit alles tun darf, was sie will und dass alles, was eine Mehrheit tut, richtig ist, *weil* es von der Mehrheit getan wird (da dies der einzige Maßstab von richtig oder falsch ist) – wie sollen Menschen dies in der Praxis umsetzen? Wer ist die Mehrheit? In Beziehung zu jedem einzelnen Menschen sind alle anderen Menschen die potentiellen Mitglieder dieser Mehrheit, die ihn nach Laune jeden Moment zerstören kann. Dann werden alle Menschen zu Feinden; jeder muss alle anderen fürchten und verdächtigen; jeder muss versuchen, zuerst zu rauben und zu morden, bevor er beraubt und ermordet wird.

Wenn Sie denken, dass dies nur eine abstrakte Theorie ist, sehen Sie sich als praktische Demonstration Europa an. In Sowjetrussland und Nazi-Deutschland erledigten private Bürger die schmutzigste Arbeit der GPU und der Gestapo, spionierten einander aus, lieferten ihre eigenen Verwandten und Freunde der Geheimpolizei und den Folterkammern aus. *Dies* war das praktische Resultat der kollektivistischen Theorie. *Dies* war die konkrete Anwendung dieser leeren, bösartigen kollektivistischen Parole, die für die Gedankenlosen so hochtrabend klingt: „Das Allgemeinwohl kommt vor individuellen Rechten."

Ohne individuelle Rechte ist kein Allgemeinwohl möglich.

Kollektivismus, der die Gruppe über die Individuen stellt und den Menschen befiehlt, ihre Rechte zugunsten ihrer Brüder zu opfern, endet in einem Zustand, in dem Menschen keine andere Wahl haben als ihre Brüder zu fürchten, zu hassen und zu zerstören.

Frieden, Sicherheit, Wohlstand, Kooperation und guter Wille unter den Menschen – all diese gesellschaftlich wünschenswerten Dinge sind nur in einem System des Individualismus möglich, in dem jeder Mensch bei der Ausübung seiner individuellen Rechte geschützt ist und im Wissen, dass die Gesellschaft dazu da ist, seine Rechte zu *schützen, nicht* um ihn zu zerstören. Dann weiß jeder Mensch, was er mit seinen Nachbarn tun darf oder nicht, und was seine Nachbarn (ein einzelner oder eine Million von ihnen) mit ihm tun dürfen oder nicht. Dann ist er frei, mit ihnen als Freund und Gleichberechtigter umzugehen.

Ohne einen Moralkodex ist keine ordentliche menschliche Gesellschaft möglich.

Ohne die Anerkennung von individuellen Rechten ist kein Moralkodex möglich.

11. Ist „das größte Wohl für die größte Anzahl" ein moralisches Prinzip?

„Das größte Wohl für die größte Anzahl" ist eine der bösartigsten Parolen, die je auf die Menschheit losgelassen wurde.

Diese Parole hat keine konkrete, spezifische Bedeutung. Es gibt keine Möglichkeit, sie wohlmeinend zu interpretieren, aber eine Menge Möglichkeiten, sie zu benutzen, um die bösartigsten Handlungen zu rechtfertigen.

Was ist die Definition vom Guten in dieser Parole? Keine, außer: das, was gut für die größte Anzahl ist. Wer entscheidet in einer spezifischen Frage, was gut für die größte Anzahl ist? Na, die größte Anzahl.

Wenn Sie dies für moralisch halten, müssten Sie den folgenden Beispielen zustimmen, die genaue Anwendungen dieser Parole in der Praxis sind: 51 Prozent der Menschheit versklaven die anderen 49 Prozent; neun hungrige Kannibalen fressen den zehnten auf; ein Haufen Lyncher ermordet einen Mann, den sie als gefährlich für die Gemeinschaft ansehen.

Es gab in Deutschland 70 Millionen Deutsche und 600.000 Juden. Die größte Anzahl (die Deutschen) unterstützen die Nazi-Regierung, die ihnen erzählte, dass ihrem Wohl gedient werde, wenn die kleinere Anzahl (die Juden) ermordet werden würde und man sich ihr Eigentum griffe. Dies war der Horror, den eine theoretisch akzeptierte Parole in der Praxis erreichte.

Aber, so mögen Sie sagen, hat denn die Mehrheit in all diesen Beispielen auch für sich selbst nichts wirklich Gutes erreicht? Nein. Hat sie nicht. Weil „das Gute" nicht von der Anzahl bestimmt und nicht durch die Opferung von irgendjemandem erreicht wird.

Die Ignoranten glauben, dass diese Parole irgendetwas Edles und Tugendhaftes impliziert - dass sie den Menschen sagt, dass sie sich selbst für die größte Anzahl anderer opfern sollten. Wenn das so ist, sollte die größte Anzahl tugendhaft sein wollen und sich selbst für die kleinste Anzahl opfern, die böse wäre und es akzeptieren würde? Nein? Sollte dann nicht die kleinste Anzahl tugendhaft sein wollen und sich selbst für die größte Anzahl opfern, die böse wäre?

Die Gedankenlosen nehmen an, dass jeder, der diese Parole nachplappert, sich selbst uneigennützig in die kleinere Gruppe einreiht, die der größeren geopfert werden soll. Warum sollte er? In dieser Parole steht nichts darüber, dass er das tun sollte. Er versucht wahrscheinlicher, in die größere Gruppe zu kommen und andere zu opfern. Was diese Parole ihm eigentlich sagt, ist, dass er keine Wahl hat, außer rauben oder beraubt zu werden, zu fressen oder gefressen zu werden.

Die Verkommenheit in dieser Parole liegt in der Implikation, dass „das Wohl" einer Mehrheit durch das Leid einer Minderheit erreicht werden müsse; dass das Wohl des einen Menschen die Opferung eines anderen bedinge.

Wenn wir die kollektivistische Doktrin akzeptieren, dass der Mensch nur zugunsten anderer lebt, dann ist es wahr, dass jedes Vergnügen (oder jeder Bissen Nahrung, den er genießt) böse und unmoralisch ist, wenn zwei andere ihn haben wollen. Aber auf dieser Basis können Menschen nicht essen, atmen oder lieben (was alles egoistisch ist - und was ist, wenn zwei andere Männer *Ihre* Frau haben wollen?). Menschen können so nicht zusammen leben und können nichts tun als einander umzubringen.

Nur auf der Basis von individuellen Rechten kann etwas Gutes - privat oder allgemein - definiert und erreicht werden. Nur wenn jeder Mensch frei ist, für sich selbst zu existieren - er weder andere für sich noch sich selbst für andere opfert -, nur dann ist jeder Mensch frei, für das größte Wohl zu arbeiten, das er durch eigene Entscheidung und durch eigene Anstrengung für sich selbst erreichen kann. Und die

Summe solch individueller Anstrengungen ist die einzig mögliche Art von Allgemeinwohl.

Denken Sie nicht, dass das Gegenteil des „größten Wohls für die größte Anzahl" „das größte Wohl für die kleinste Zahl" ist. Das Gegenteil ist: für jeden Menschen das größte Wohl, das er durch eigene freie Anstrengung erreichen kann.

Wenn Sie ein Individualist sind und die amerikanische Lebensweise bewahren wollen, dann besteht der größte Beitrag, den Sie dazu leisten können, darin, ein für alle Mal die leere Parole vom „größten Wohl für die größte Anzahl" aus Ihrem Denken, aus Ihrer Sprache und aus Ihrer Sympathie zu streichen. Lehnen Sie alle Argumente und alle Forderungen ab, die nur diese Parole zu ihrer Verteidigung haben. Sie ist eine Falle. Sie ist ein Gebot des reinen Kollektivismus. Sie können sie nicht akzeptieren und sich selbst einen Individualisten nennen. Treffen Sie Ihre Wahl. Sie lautet entweder - oder.

12. Ändert das Motiv einer Diktatur ihr Wesen?

Das Zeichen eines ehrlichen Menschen (anders als das eines Kollektivisten) ist, dass er meint, was er sagt und er weiß, was er meint.

Wenn wir sagen, dass wir individuelle Rechte haben, die *unveräußerlich* sind, müssen wir *genau das* meinen. *Unveräußerlich* ist das, was wir nicht wegnehmen, aussetzen, einschränken, beschränken oder verletzen dürfen - nie, zu keiner Zeit und zu keinem Zweck.

Man kann nicht sagen, dass „der Mensch unveräußerliche Rechte hat, außer wenn es kalt ist und jeden zweiten Dienstag", genau wie man nicht sagen kann, dass „der Mensch unveräußerliche Rechte hat, außer in Notfällen", oder „Menschenrechte nicht verletzt werden können, außer für einen guten Zweck."

Entweder sind die Rechte des Menschen unveräußerlich oder nicht. Man kann so etwas wie „halb-unveräußerlich" nicht sagen und sich selbst für ehrlich oder vernünftig halten. Wenn Sie Bedingungen stellen, Vorbehalte und Ausnahmen machen, geben Sie zu, dass es etwas oder jemanden über den Menschenrechten gibt, der sie nach Gutdünken verletzen kann. Wer? Na, die Gesellschaft - d.h. das Kollektiv. Aus welchem Grund? Für das Wohl des Kollektivs. Wer entscheidet, wann Rechte verletzt werden sollten? Das Kollektiv. Wenn es das ist, was Sie glauben, dann stellen Sie sich gefälligst auf die Seite, auf die Sie gehören, und geben Sie zu, dass Sie ein Kollektivist sind. Dann nehmen Sie all die Konsequenzen auf sich, die der Kollektivismus impliziert. Es gibt keinen Mittelweg. Sie können Ihren Kuchen nicht behalten und ihn auch essen. Sie halten niemanden zum Narren, außer sich selbst.

Verstecken Sie sich nicht hinter sinnlosen Parolen wie „der goldene Mittelweg". Individualismus und Kollektivismus sind nicht zwei Seiten desselben Weges, der für Sie eine sichere Spur in der Mitte hat. Es sind zwei Wege, die in unterschiedliche Richtungen führen. Einer führt zu Freiheit, Gerechtigkeit und Wohlstand; der andere zu Sklaverei, Horror und Zerstörung. Die Entscheidung liegt bei Ihnen.

Die Verbreitung des Kollektivismus in der Welt kommt nicht aus der Schlauheit der Kollektivisten, sondern aus der Tatsache, dass die meisten Menschen, die ihnen entgegentreten, selbst an Kollektivismus glauben. Wenn ein Prinzip erst akzeptiert wurde, dann gewinnt nicht derjenige, der halbherzig dabei ist, sondern der, der mit ganzem Herzen bei der Sache ist; nicht derjenige, der am wenigsten konsequent bei der Umsetzung ist, sondern derjenige, der am konsequentesten ist. Wenn Sie einen Wettlauf mitmachen und sagen: „Ich will nur die ersten 10 Meter laufen", dann wird derjenige, der sagt: „Ich will bis zum Ende laufen" Sie schlagen. Wenn Sie sagen: „Ich will die Menschenrechte nur ein bisschen verletzen", dann wird der Kommunist oder der Faschist, der sagt: „Ich werde alle Menschenrechte zerstören" Sie schlagen und gewinnen. Sie haben ihm den Weg bereitet.

Indem sie sich diese anfängliche Unehrlichkeit und Ausflucht erlaubten, sind Menschen bei der Frage, ob eine Diktatur richtig ist oder nicht, in eine kollektivistische Falle getappt. Die meisten Menschen machen Lippenbekenntnisse bei der Anklage von Diktaturen. Aber sehr wenige nehmen einen klaren Standpunkt ein und erkennen eine Diktatur als das, was sie ist – etwas absolut Böses, in jeder Form, von jedem, für jeden, überall, zu jeder Zeit und für welchen Zweck auch immer.

Viele Menschen lassen sich auf eine obszöne Verhandlung ein über Unterschiede zwischen „einer guten Diktatur" und einer „schlechten Diktatur", über Motive, Ziele oder Gründe, die eine Diktatur gerecht machen. Die Frage „Wollt Ihr Diktatur?" haben die Kollektivisten durch die Frage „Welche Art von Diktatur wollt Ihr?" ersetzt. Sie können es sich leisten, dann weiter zu streiten; sie haben gewonnen.

Viele Menschen glauben, dass eine Diktatur schrecklich ist, wenn sie „für einen schlechten Zweck" ist, aber in Ordnung und sogar wünschenswert, wenn sie „für einen guten Zweck" ist. Jene, die zum Kommunismus neigen (sie nennen sich üblicherweise „Menschenfreunde") behaupten, dass Konzentrationslager und Folterkammern böse seien, wenn sie „egoistisch", „zum Wohle einer Rasse" benutzt werden, wie Hitler es getan hat, aber edel, wenn sie „uneigennützig", „zum Wohle der Massen" benutzt werden, wie Stalin es tut. Jene, die zum Faschismus neigen (die sich üblicherweise für abgebrühte „Realisten" halten), behaupten, dass Peitschen und Sklaventreiber unpraktisch sind, wenn sie „ineffizient" benutzt werden wie in Russland, aber praktisch, wenn sie „effizient" benutzt werden wie in Deutschland.

(Und nur als Beispiel dafür, wohin die falschen Prinzipien Sie in der Praxis führen werden, beachten Sie, dass die „Menschenfreunde", die sich solche Sorgen um das Leid der Massen machen, in Russland einen Elendszustand für ein gesamtes Volk befürworten, den kein Volk in der Geschichte je zu ertragen hatte. Und die abgebrühten „Realisten", die so prahlerisch bemüht sind, praktisch zu sein, befürworten in Deutschland das Schauspiel eines verwüsteten Landes im totalen Zusammenbruch, das Endresultat einer „effizienten" Diktatur.)

Wenn Sie darum streiten, was eine „gute" oder eine „schlechte" Diktatur ist, haben Sie das Prinzip der Diktatur akzeptiert und anerkannt. Sie haben einen Grundsatz des absolut Bösen akzeptiert – *Ihres* Rechts, andere für das zu versklaven, was *Sie* für gut halten. Von da an ist es nur noch eine Frage, wer die Gestapo leiten wird. Sie werden nie eine Einigung mit Ihren Mit-Kollektivisten darüber erreichen können, was eine „gute" und was eine „schlechte" Sache ist. Ihre Lieblingsdefinition ist vielleicht nicht die der Anderen. Sie mögen behaupten, dass es gut sei, Menschen nur für die Armen abzuschlachten; jemand anderes mag behaupten, dass es gut sei, Menschen nur für die Reichen abzuschlachten; Sie mögen behaupten, dass es unmoralisch sei, irgendjemanden außer Mitglieder einer bestimmten Klasse abzuschlachten; jemand anderes mag behaupten, dass es unmoralisch sei, irgendjemand anderes als die Mitglieder einer bestimmten Rasse abzuschlachten. Alles, worüber Sie sich einigen werden, ist das Abschlachten. Und das ist alles, was Sie erreichen werden.

Wenn Sie erst das Prinzip der Diktatur vertreten, laden Sie alle Menschen ein, dasselbe zu tun. Wenn sie nicht Ihre spezielle Form der Diktatur wollen oder sie nicht Ihr spezielles „gutes Motiv" mögen, so haben sie keine andere Wahl als Ihnen zuvorzukommen und ihre eigene Form für ihr eigenes „gutes Motiv" einzusetzen, Sie zu versklaven, bevor Sie sie versklaven. Eine „gute Diktatur" ist ein Widerspruch in sich.

Die Frage lautet nicht: Für welches Ziel ist es richtig, Menschen zu versklaven? Die Frage lautet: Ist es richtig, Menschen zu versklaven oder nicht?

Es liegt eine unaussprechliche moralische Korrumpierung darin, zu sagen, dass eine Diktatur durch ein „gutes Motiv" oder „ein uneigennütziges Motiv" gerechtfertigt werden könne. All die brutalen und kriminellen Tendenzen, die die Menschheit durch Jahrhunderte des quälend langsamen Aufstiegs aus der Barbarei als böse und unpraktisch anzuerkennen gelernt hat, verstecken sich nun unter einer „gesellschaftlichen" Tarnung. Viele Menschen glauben nun, dass es böse sei, zu eigenen Gunsten zu rauben, zu morden und zu foltern, aber dass es tugendhaft sei, es zugunsten anderer zu tun. Man dürfe sich nicht in Brutalität ergehen, wenn es dem eigenen Gewinn dient, sagen sie, aber wenn es für andere ist, dann sei es in Ordnung. Die ekelerregendste Äußerung, die es gibt, lautet vielleicht: „Sicher, Stalin hat Millionen Menschen abgeschlachtet, aber da es zugunsten der Massen geschah, ist es gerechtfertigt." Kollektivismus ist die letzte Zuflucht der Barbarei in den Köpfen der Menschheit.

Halten Sie Kollektivisten nicht für „ehrliche, aber fehlgeleitete Idealisten". Die Forderung, Menschen zugunsten anderer Menschen zu versklaven, ist kein Ideal; Brutalität ist nicht „idealistisch", egal für welchen Zweck. Sagen Sie nie, dass der Wunsch, durch Gewalt „Gutes zu tun", ein gutes Motiv sei. Weder Machtgier noch Dummheit sind gute Motive.

Das faschistische „Neue Ziel“

Diesen Vortrag hielt Ayn Rand 1962 vor dem *Ford Hall Forum* in Boston.

Meine Damen und Herren, ich werde mit einem kleinen Experiment beginnen: Ich werde Ihnen einige Artikel aus einem politischen Programm vorlesen und Sie fragen, ob Sie ihm zustimmen oder nicht:

> „Wir fordern, dass sich der Staat verpflichtet, in erster Linie für die Erwerbs- und Lebensmöglichkeit der Staatsbürger zu sorgen.
> Die Tätigkeit des Einzelnen darf nicht gegen die Interessen der Allgemeinheit verstoßen, sondern muss im Rahmen des Gesamten und zum Nutzen aller erfolgen. Daher fordern wir: ... Brechung der Zinsknechtschaft.
>
> Wir fordern Gewinnbeteiligung an Großbetrieben…
>
> Wir fordern einen großzügigen Aufbau der Altersversorgung...
>
> Wir fordern… schärfste Berücksichtigung aller kleinen Gewerbetreibenden bei Lieferung an den Staat, die Länder oder Gemeinden.
>
> Um jedem fähigen und fleißigen [Bürger] das Erreichen höherer Bildung und damit das Einrücken in führende Stellungen zu ermöglichen, hat der Staat für einen gründlichen Ausbau unseres gesamten Volksbildungswesens Sorge zu tragen…
>
> Wir fordern die Ausbildung geistig besonders veranlagter Kinder armer Eltern ohne Rücksicht auf deren Stand oder Beruf auf Staatskosten...
>
> Der Staat hat für die Hebung der Volksgesundheit zu sorgen, durch den Schutz der Mutter und des Kindes, durch Verbot der Jugendarbeit...,durch größte Unterstützung aller sich mit körperlicher Jugend-Ausbildung beschäftigenden Vereine.
>
> [Wir bekämpfen] den… materialistischen Geist in und außer uns und [sind] überzeugt, dass eine dauernde Genesung unseres Volkes nur erfolgen kann von innen heraus auf der Grundlage: *Gemeinnutz vor Eigennutz.*“[2]

Stimmen Sie diesem Programm und seiner allgemeinen Intention zu? Würden Sie sagen, dass es ein gutes, fortschrittliches, liberales Programm ist? Beachten Sie, dass all diese Vorschläge heute befürwortet

---

[2] Walther Hofer (Hg.): *Der Nationalsozialismus, Dokumente 1933-1945*, Frankfurt am Main 1957, S. 29 ff.

werden und die meisten davon in unserem Land in Gesetzesform gebracht wurden.

Meine Damen und Herren, diese Anträge stammen aus dem Programm der Nationalsozialistischen Deutschen Arbeiterpartei, angenommen in München am 24. Februar 1920.

Eine Wissenschaft, die aus unseren Universitäten fast verschwunden ist - die Politikphilosophie -, hätte Ihnen jegliches Erstaunen erspart und hätte unser Land davor bewahrt, so weit auf solch einem Weg herabzuschlittern. Die Politikphilosophie hätte uns beigebracht, fundamentale Prämissen unter jeder oberflächlichen Variante zu erkennen. Sie hätte uns gesagt, dass dieselben moralisch-politischen Prinzipien dieselben praktischen Resultate haben werden - in jeder Zeit, in jeder Kultur und in jedem Land, das sie übernimmt.

Ich frage mich, wie viele von Ihnen nicht mit der folgenden Erklärung übereinstimmen: „Es ist daher notwendig, dass das Individuum endlich erkennt, dass sein eigenes Ego ohne Bedeutung im Vergleich mit der Existenz seiner Nation ist; dass die Position des individuellen Ichs ausschließlich von den Interessen der Nation als ganzes abhängig ist; dass Stolz und Anmaßung, das Gefühl, dass das Individuum... überlegen sei, nicht nur lächerlich ist, sondern eine große Gefahr für die Existenz der Nation darstellt; dass vor allem die Einheit des Geistes und des Willens der Nation weit mehr wert sind als die Freiheit und der Wille des Individuums; und dass die höheren Interessen des Ganzen die Grenzen setzen und die Pflichten der Einzelinteressen festlegen müssen."

Die meisten der heutigen Intellektuellen, sowohl „Konservative" als auch „Liberale", würden dieses Bekenntnis des altruistisch-kollektivistischen Glaubens unterschreiben. Gesagt hat das Adolf Hitler, am 1. Oktober 1933.[3]

Bitte erinnern Sie sich, wer Folgendes gesagt hat:

> „Das ist die Entscheidung, die unsere Nation treffen muss - eine Entscheidung zwischen dem allgemeinen Interesse und privater Bequemlichkeit - zwischen nationaler Größe und nationalem Niedergang - zwischen der frischen Luft des Fortschritts und der abgestandenen, dump-

[3] Adolf Hitler: *Reden 1933-1938*, Berlin 1938, S. 61.

> fen Atmosphäre der ‚Normalität' - zwischen Engagement und Mittelmäßigkeit."

Gesagt hat das Senator John F. Kennedy in seiner Rede zur Nominierung als Präsidentschaftskandidat am 15. Juli 1960.

Kommt Ihnen das irgendwie bekannt vor? Erinnern Sie sich daran, wer „Normalität" als „Mittelmaß" ansah, „private Bequemlichkeit" im Namen „nationaler Größe" verachtete und die Produktion von Kanonen statt Butter forderte? Es war Göring.

Wem würden Sie Folgendes zuschreiben:

> „Wenn wir also nationale Solidarität richtig verstehen, dann müssen wir sehen, dass sie auf der Idee der Opferung beruht. Mit anderen Worten, wenn jemand einwirft, dass ständiges Geben eine zu schwere Last darstellt, dann müssen wir antworten, dass... wahre nationale Solidarität seinen Sinn nicht im Nehmen finden kann."

Adolf Hitler sagte das am 30. September 1934.[4]

Am 20. Januar 1961 erklärte Präsident Kennedy in seiner Einführungsrede:

> „Also, meine lieben Amerikaner: Fragen Sie nicht, was Ihr Land für Sie tun kann - fragen Sie, was Sie für Ihr Land tun können."

Hier ist noch ein Beispiel:

> „Wenn erst die ganze Nation erfolgreich die Tatsache begriffen hat, dass diese Maßnahmen nach Opfern von Seiten der Bevölkerung rufen, dann werden sie zu etwas weit größerem führen als einem Rückgang der materiellen Bedürfnisse. Von ihnen wird die Überzeugung ausgehen, dass die Volksgemeinschaft kein leerer Begriff ist, sondern etwas, das unersetzlich und lebendig ist", so Adolf Hitler.[5]

„Aber das Neue Ziel, von dem ich spreche", erklärte Senator John F. Kennedy, „ist kein Paket von Versprechungen - es ist ein Paket von Herausforderungen. Es fasst das zusammen, was ich dem amerikanischen Volk nicht anbieten, sondern was ich ihm abverlangen werde... Es enthält das Versprechen von mehr Opfern statt mehr Sicherheit."

---

[4] *Ebd.*, S. 70.
[5] *Ebd.*

Mussolini meinte, Faschismus sei „ein Leben, in dem das Individuum durch Selbstverleugnung, durch die Opferung seiner privaten Interessen... jene völlig geistige Existenz wahrnimmt, in der sein Wert als Mensch liegt."

Das höchste Prinzip des Nazismus, so Göring, sei: „Gemeinnutz geht vor Eigennutz."

Wer hat gesagt: „Private Rechte sind wichtig, aber das öffentliche Interesse ist ein größeres Recht"? Es war Mr. Paul Rand Dixon, der Vorsitzende unserer Federal Trade Commission. (*New York Times*, 11. Februar 1962)

Am 18. September 1962 erklärte Generalissimo Francisco Franco aus Spanien, dass „sein Regime eine ‚gerechte Verteilung' des Bruttosozialprodukts, Chancengleichheit und Opfer für alle erreichen will." (*New York Times*, 19. September 1962)

Präsident Kennedy findet das ein bisschen schwieriger. Der *New York Times* (27. September 1962) zufolge sagte er, er sei „überzeugt vom Sieg im kalten Krieg und dass jedes notwendige Opfer dafür erbracht werden wird." Jedoch wisse er nicht, wie man diese Opfer in einer freien Gesellschaft gerecht verteilen solle.

(Beachten Sie, dass jede gesellschaftliche Bewegung, die mit „Umverteilung" von Einkommen beginnt, mit der Umverteilung von Opfern endet.)

Das grundlegende moralisch-politische Prinzip in all diesen Aussagen ist klar: die Unterordnung und Opferung des Individuums für das Kollektiv.

Dieses Prinzip (das von der Ethik des Altruismus abgeleitet ist) ist die ideologische Wurzel aller dirigistischen Systeme, in jeder Variante, von Sozialstaatsdirigismus bis zu einer totalitären Diktatur. Im heutigen intellektuellen Chaos, in dem alle politischen Ansichten einem einzigen Absolut zustimmen, nämlich, dass man keine klare Definition irgendeines politischen Begriffs zulassen dürfe, glauben die meisten Menschen, dass die „Liberalen" einen irgendwie verdünnten Sozialismus vertreten. Obwohl die „liberale" Führerschaft es anscheinend besser weiß, glaubt die Mehrheit des Fußvolkes es auch – oder hofft es zumindest. Der grausame historische Witz geht auf ihre Kosten: Das Neue Ziel, das sie nicht voll zu identifizieren wagen, ist keine Version des Sozialismus, sondern des Faschismus.

Der Unterschied zwischen beiden ist oberflächlich und rein formal, aber er ist psychologisch bedeutsam: Er bringt die autoritäre Natur einer Planwirtschaft ans Tageslicht.

Das Hauptmerkmal von Sozialismus (und Kommunismus) ist Allgemeinbesitz der Produktionsmittel und deswegen die Abschaffung von Privatbesitz. Das Recht auf Eigentum ist das Recht auf Benutzung und Verfügung. Im Faschismus behalten die Menschen den Anschein von Privateigentum, aber der Staat hat die totale Macht über dessen Benutzung und Verfügung.

Die Wörterbuchdefinition von *Faschismus* lautet: „Ein Regierungssystem mit stark zentralisierter Macht, das keine Opposition oder Kritik zulässt, das alle Bereiche der Nation (industriell, kommerziell usw.) kontrolliert und einen aggressiven Nationalismus betont..."

Im Faschismus behalten die Bürger die Verantwortung für Besitz, ohne die Handlungsfreiheit und die Vorteile des Eigentümers. Im Sozialismus erwerben Regierungsbeamte alle Vorteile des Eigentümers ohne jegliche Verantwortung, da sie nicht das Besitzrecht haben, sondern nur das Recht auf seine Benutzung – zumindest bis zur nächsten Parteisäuberung. In beiden Fällen hat der Staat die ökonomische, politische und gesetzliche Macht über Leben und Tod der Bürger.

Es erübrigt sich zu sagen, dass die Ungleichheiten im Einkommen und im Lebensstandard in beiden Systemen größer sind als alles in einer freien Wirtschaft Mögliche – und die Stellung eines Menschen wird nicht von seiner produktiven Leistung und Fähigkeit bestimmt, sondern von politischen Beziehungen und Zwang.

In beiden Systemen werden Opfer als magische, allmächtige Lösung für jede Krise angerufen – und „das Allgemeinwohl" ist der Altar, auf dem die Opfer dargebracht werden. Aber es gibt stilistische Unterschiede. Die sozialistisch-kommunistische Achse verspricht ihren Opfern Überfluss, materiellen Wohlstand und Sicherheit – irgendwann in einer unbestimmten Zukunft. Die faschistisch-nazistische Achse verachtet materiellen Wohlstand und Sicherheit und predigt eine undefinierte spirituelle Pflicht, Dienst und Eroberungen. Die sozialistisch-kommunistische Achse bietet ihren Opfern ein angebliches gesellschaftliches Ideal an. Die faschistisch-nazistische Achse bietet nur Gerede über irgendeine Form von *rassischer* oder *nationaler* „Größe" an. Die sozialistisch-kommunistische Achse proklamiert irgendeinen grandiosen Wirtschaftsplan, der Jahr um Jahr reduziert wird. Die faschistisch-nazistische Achse preist Führerschaft - Führerschaft ohne Ziel, Programm oder Richtung - und Macht um der Macht willen.

Welche Politik passt zu Mr. Kennedys Administration?

Haben Sie nach zwei Jahren eine klarere Idee davon, was mit dem „Neuen Ziel" gemeint ist, als zu dem Zeitpunkt, an dem Sie zuerst davon gehört haben? Das Einzige, was klar geworden ist, sind Mr. Kennedys Forderungen nach mehr und mehr willkürlicher Macht.

Ich sagte, dass die „liberale" Führerschaft, d.h. Mr. Kennedy und seine Berater, die Richtung zu kennen scheinen, in die sie gehen - wenn man das anhand ihrer Anstrengungen beurteilen kann, es niemand sonst entdecken zu lassen. Der Stil ihrer öffentlichen Verlautbarungen - ihrer *„Dialoge"*, wie sie es nennen - ist ein sorgfältig berechnetes Netz aus Doppeldeutigkeiten, Annäherungen und Allgemeinplätzen, die unscharf und undeutlich genug sind, damit man nicht angegriffen werden kann für das, was man gesagt hat, aber gerade deutlich genug, um eine gewisse Andeutung zu geben - als ob sie vorhätten, den Zuhörer nicht durch Worte, sondern durch das Ungesagte zwischen den Zeilen zu konditionieren.

Obwohl Mr. Kennedys theoretische oder philosophische Reden Kritik und Verachtung provoziert haben, so ist ihren Aussagen ungenügend Aufmerksamkeit geschenkt worden - und doch sind sie enorm bedeutsam.

Mr. Kennedy führt einen ideologischen Krieg gegen Ideologie. Der freche, zynische Klang seiner Versuche scheint die Ungeduld eines „Aktivisten" zu vermitteln, der versucht, die gefährlichste Barriere für jeden Herrscher wegzuwischen: den *Intellekt* und seine Waffen – *politische Prinzipien*.

Sehen Sie sich z.B. Mr. Kennedys Ansprache an der Yale University am 11. Juni 1962 an.

In den dreissiger Jahren warnten die Befürworter des Kapitalismus unser Land, dass der Sozialstaat zwangsläufig zu mehr staatlicher

Kontrolle und letztendlich zu einer totalitären Diktatur führen würde. Die Liberalen stritten es vehement ab. Heute, da diese Voraussagen sich als wahr herausstellen, weil die politischen Prinzipien, auf denen sie basieren, sich als richtig herausstellen, lautet die einzige Antwort der Liberalen, dass diese Prinzipien nun irrelevant seien, weil jetzt die sechziger Jahre und nicht die dreissiger Jahre sind.

Mr. Kennedy bat sein Publikum, „Illusionen" wie begriffliches Wissen, Theorien, Prinzipien und Abstraktionen fallen zu lassen, nur die spezifischen Probleme unserer Tage einzeln zu betrachten und nie ein Problem mit anderen in Beziehung zu setzen. Dies bedeutet: Die kurzsichtige Denkweise eines Babbits oder eines Wilden anzunehmen, der nicht über den unmittelbaren Moment hinaussieht, nur unmittelbare Probleme sieht und sie ohne Bezugnahme auf Prinzipien löst – und zwar meistens mit einer Keule.

Nicht einmal die Karikatur eines Babbits könnte einen so giftigen Hass auf den Intellekt verkörpern. „Illusionen", „Truismen", „Stereotypen", „Mythen", „Klischees", „Plattitüden", „Parolen", „Etiketten", „Beschwörungen" und „rhetorisch" sind die Begriffe, die Mr. Kennedy benutzt, um – was – zu umschreiben? Da er vermied, es explizit zu benennen, muss man seine gesamte Rede lesen, um den Feind zu entdecken, auf den all dieser Hass ausgeschüttet wird. Der Feind ist Philosophie, Ideologie, sind Prinzipien, Ideen oder jeder Mensch, der sie auf politische Probleme anwendet.

Nein, seine Rede war nicht gegen eine *bestimmte* Ideologie gerichtet, sondern gegen Ideologie an sich. Mr. Kennedy klagte nicht die Unternehmer oder die Republikaner oder die „Konservativen" an, sondern alle, die der Regierung hinderliche Prinzipien in den Weg legen.

Das Beispiel von Westeuropa zeige, so behauptete er, dass „Regierungen, die technische Probleme ohne ideologische Vorurteile angehen, die Elemente einer Volkswirtschaft koordinieren können, um Wachstum und beispiellosen Wohlstand zu erreichen."

Was verursacht wirtschaftliches Wachstum? Was ist der Ursprung von Wohlstand? Wie koordiniert man eine Volkswirtschaft? All solche Fragen sind Mr. Kennedy zufolge irrelevant; eine Regierung sollte ungehindert von theoretischem Wissen handeln, herrschen und kontrollieren; Politikwissenschaft und Ökonomie seien „ideologische Vorurteile“.

Als Beispiel für ein spezifisches, praktisches, nicht-ideologisches Problem bot Mr. Kennedy Folgendes an:

> „Wie können wir unsere freie Wirtschaft auf voller Leistung arbeiten lassen – d.h. wie können wir angemessene Profite für Unternehmer, angemessene Löhne für Arbeitnehmer, angemessene Verwendung von Anlagen und angemessene Chancen für alle erreichen?“

Da alle politisch-ökonomischen Prinzipien über Bord geworfen werden sollen, nach welchem Maßstab soll man bestimmen, was „angemessen“ ist? Und wer soll das bestimmen? Das hat Mr. Kennedy uns nicht verraten.

„Ökonomie ist zweitrangig“, sagte Adolf Hitler am 18. September 1922. „Die Weltgeschichte lehrt uns, dass kein Volk durch Ökonomie groß geworden ist, sondern in Wirklichkeit dadurch untergegangen ist.“[6]

„Was heute in unserer ökonomischen Entscheidung auf dem Spiel steht, ist nicht irgendein großer Krieg rivalisierender Ideologien, sondern das praktische Management der modernen Wirtschaft“, sagte Mr. Kennedy.

In einer Zeit, in der alle Länder der Welt (einschließlich der versklavten) vom Kampf auf Leben und Tod zweier entgegengesetzter Ideologien – Freiheit und Dirigismus – zerrissen werden, erlaubt sich Mr. Kennedy über „irgendeinen großen Krieg rivalisierender Ideologien“ zu spotten. Da er ja wohl nicht meinen kann, dass dieser globale Konflikt an unserem Land vorübergegangen ist, kann er nur gemeint haben, dass der Konflikt für uns vorbei ist und dass der Dirigismus – eine staatlich kontrollierte Wirtschaft – gewonnen hat.

„Die Unterschiede bestehen heute nur aus Detailfragen“, sagte er. „Und wir können unsere heutigen Probleme nicht verstehen und angehen, wenn wir von den traditionellen Etiketten und abgetragenen Parolen einer früheren Zeit gefesselt sind.“

Wenn wir keine „Etiketten“ benutzen – d.h. wenn wir nie das Wesen verschiedener politischer Systeme identifizieren –, werden wir

---

[6] Francois Maystre: *Sozialismus wie der Führer ihn sieht,* München 1935.

nicht entdecken, dass wir Dirigismus akzeptieren, oder bemerken, wie das passiert ist.

„An jeden Sektor muss entsprechend seiner eigenen Gesichtspunkte und nach spezifischen Aspekten nationaler Bedürfnisse herangegangen werden", sagte Mr. Kennedy. „Generalisierungen in Bezug auf Bundesausgaben können deswegen missverständlich sein. Jeder Fall - Wissenschaft, Stadterneuerung, Bildung, Agrarpolitik, Naturschutz - jeder Fall muss für sich beurteilt werden, wenn wir von unserer konkurrenzlosen Fähigkeit profitieren sollen, die Stärke von öffentlichen und privaten Kräften, öffentlichen und privaten Zielen, öffentlichen und privaten Interessen zu kombinieren."

Seit wann ist *das* unsere „konkurrenzlose Fähigkeit" gewesen? Solch eine „Kombination" ist genau das, wozu das amerikanische System - eine freie Marktwirtschaft - nicht entworfen wurde und was sie nicht lange aushalten kann. Eine „Mischökonomie", eine Mischung von Freiheit und Kontrollen, ist überall eine instabile „Kombination", aber besonders erfolglos ist sie hier in Amerika - wie man an unserer fallenden Wachstumsrate ablesen kann. Die Vereinigten Staaten waren die freieste Ökonomie in der Geschichte. Obwohl einige staatliche Kontrollen verblieben, so waren sie zuerst marginal und widersprachen dem Rest des Systems. Das Anwachsen dieser Kontrollen und Widersprüche ruiniert unsere Wirtschaft schrittweise - und doch schmuggelt Mr. Kennedy in einem seltsam beiläufigen Nebensatz die Andeutung ein, dass staatliche Kontrollen das entscheidende Merkmal des American Way of Life seien.

Diese Andeutung wurde in seiner Rede einige Abschnitte später noch bekräftigt.

> „Der feste Boden gegenseitigen Vertrauens ist die notwendige Partnerschaft der Regierung mit allen Sektoren unserer Gesellschaft auf der ständigen Suche nach ökonomischem Fortschritt."

„Partnerschaft" ist ein schäbiger Euphemismus für „staatliche Kontrolle". Es kann keine Partnerschaft zwischen bewaffneten Bürokraten und schutzlosen privaten Bürgern geben, die zu gehorchen haben. Welche Chance hätten Sie gegen einen „Partner", dessen *willkürliches* Wort Gesetz ist, der Ihnen eine Anhörung geben mag (wenn Ihre

Interessengruppe groß genug ist), der aber Günstlingswirtschaft betreiben und Ihre Interessen wegverhandeln wird, der immer das letzte Wort haben wird und das legale „Recht" hat, es mit vorgehaltener Waffe durchzusetzen, und die Macht über Ihren Besitz, Ihre Arbeit, Ihre Zukunft und Ihr Leben hat? Ist *das* die Bedeutung von Partnerschaft? Trägt solch eine Verwendung von Sprache zur Klarheit unseres nationalen „Dialogs" bei?

Staatliche Kontrolle über „alle Sektoren der Gesellschaft" ist der Kernpunkt des Dirigismus in all seinen Formen: Faschismus, Kommunismus, Nazismus, Sozialismus und jeder „Mischökonomie" auf ihrer Rutschbahn in eines der vier Hauptsysteme. „Die Unterschiede sind nur Detailfragen."

Nein, Mr. Kennedy glaubt nicht, dass dieser ideologische Wandel schon erreicht worden ist. Den sollte seine Rede erreichen. Auf der letzten Übergangsstufe dieser fatalen Rutschbahn wird es wichtig, ideologische Diskussionen zum Schweigen zu bringen.

So sieht der Blick - und der Ausblick - von Mr. Kennedy auf unsere Wirtschaft aus.

Er ist nicht ohne Vorgänger. Hermann Messerschmidt beschrieb die Ansichten der Nazis zu ihrer Wirtschaftspolitik wie folgt:

> „Die Wirtschaft dient dem Staate und somit dem Volk. Sie ist eine nationale Wirtschaft, eine ökonomische Ordnung, deren Aufgaben und Ziele von nationalen Ereignissen bestimmt werden.
>
> Einerseits ist sie keine Staatswirtschaft, d.h. keine Wirtschaft, die vom Staat als Ganzem betrieben wird.
>
> Andererseits ist sie keine Wirtschaft der sozialen Interessen, die in völliger Unabhängigkeit vom Staat nur das höchste Wohl des Individuums sucht.
>
> Im Gegenteil, sie ist kontrolliert und frei zur gleichen Zeit.
>
> Die Wirtschaft ist kontrolliert, weil sie unbedingt dem Dienst an den Gesetzen des nationalen Lebens verpflichtet ist.
>
> Die Wirtschaft ist frei, weil sich in ihr persönliche Kreativität und Leistung voll entwickeln können."[7]

Klar, oder?

---

[7] Walther Hofer (Hg.): *Der Nationalsozialismus, Dokumente 1933-1945*, Frankfurt am Main 1957, S. 84.

Diese Art von verbalem Chaos – dieses unverständliche Durcheinander von politischen Begriffen, das leugnet, dass Kontrollen Kontrollen sind und Lippenbekenntnisse an Freiheit macht, ist typisch für den Faschismus. Es ist auch typisch für das „Neue Ziel".

Mr. Kennedys Ansprache in Yale schien Teil eines Versuchs zu sein, einen intellektuellen Staatsstreich durchzuziehen. Mr. Kennedy und seine Berater scheinen entschlossen, durch unseren philosophischen und kulturellen Bankrott abzusahnen, durch die Feigheit ihrer Gegner und durch die Unterlassung der sogenannten „Konservativen", die Grundfragen ausweichen und um triviale Details feilschen. Ein intellektueller Staatsstreich würde daraus bestehen, auf folgende Weise ein Vakuum zu übernehmen: Verändere die Bedeutung politischer Begriffe bis sie sich in unverständlichem Nebel auflösen, konditioniere die Menschen unterschwellig, die Implikationen der Doktrinen zu akzeptieren, die du nicht explizit zu erklären wagst – und lasse dann alle aufwachen zu einem fait accompli, der erstaunten Feststellung: „Tja, alle wissen, dass Freiheit Sklaverei ist und dass Amerikanismus Dirigismus ist."

Es gibt noch andere Beispiele für diese seltsamen Andeutungen, die zu implizieren scheinen, dass Mr. Kennedy versucht, die ideologische Geschichte der Vereinigten Staaten umzuschreiben.

Am 11. April 1962 machte Mr. Kennedy in seiner im Fernsehen übertragenen Anklage gegen die Stahlindustrie folgende Bemerkung:

> „Preis- und Lohnentscheidungen werden und sollten in unserem Land frei und privat getroffen werden. Aber das amerikanische Volk hat ein Recht, *als Gegenleistung für diese Freiheit* ein höheres Verantwortungsgefühl für das Wohlergehen seines Landes zu verlangen..." (Hervorhebung von mir.)

Der Präsident der Vereinigten Staaten erklärt hier ausdrücklich, dass *Freiheit* kein unveräußerliches Recht des Individuums ist, sondern eine bedingte Gefälligkeit, die die Gesellschaft („das Volk" oder das Kollektiv) ihm gewährt – ein Privileg, das er durch irgendeine Pflicht *als Gegenleistung* erkaufen muss. Sollte er diese Pflicht versäumen, dann habe „das Volk" das „Recht", seine Freiheit abzuschaffen und ihn in seinen natürlichen Zustand der Sklaverei zurückzuversetzen.

Rechte sind dieser Auffassung nach Eigentum des Kollektivs, nicht des Individuums. Dies ist das Grundprinzip des Dirigismus. Eine solche Bemerkung kann nicht nur rhetorische Schlampigkeit von Mr. Kennedy gewesen sein, der sich so gern mit seinen Geschichtskenntnissen brüstet.

Wo waren die „Konservativen" am 11. April, als Mr. Kennedy der Unabhängigkeitserklärung in ihr philosophisches Gesicht schlug? Wahrscheinlich da, wo sie auch am 4. Juli waren - an dem Tag, an dem er die gemeine Unverschämtheit beging, eine Rede mit dem Titel „Abhängigkeitserklärung" zu halten.

Nun beachten Sie die Semantik des „Dialogs", der der Stahlkrise voranging. Minister Goldberg kündigte als „definitive Erklärung" der Kennedy-Administration an, dass die Regierung in Lohnverhandlungen von nun an „das nationale Interesse definieren und feststellen werde". Er erklärte, dass die Beziehungen zwischen Arbeitgebern und Arbeitnehmern nicht länger „auf dem alten Kampfplatz egoistischer Interessen" gelöst werden sollten, und er machte klar, dass der *neue* Kampfplatz *drei* konträre Interessen enthalten werde: die egoistischen Interessen der Arbeitgeber, die egoistischen Interessen der Arbeiter und das (selbstlose?) Interesse „der Nation", wie es von der Regierung bekundet wird.

Beachten Sie den heuchlerischen Euphemismus eines solchen Satzes wie der Absicht *„das nationale Interesse zu definieren und festzustellen"*. Jeder kann alles definieren und feststellen, was ihm gefällt - das soll dieser Satz offensichtlich nicht bedeuten. Wenn dem so wäre, wäre Mr. Kennedy nicht außer sich geraten, als die Stahlindustrie die Feststellung der Regierung ignorierte. Dieser Satz bedeutete - und sollte so verstanden, wenn auch nicht öffentlich übersetzt werden -, dass „das nationale Interesse" das ist, was die Regierung sagt und dass jeder Wunsch der Regierung ein Befehl ist.

Nein, der Kongress hatte nie ein Gesetz verabschiedet, das Mr. Kennedy die Macht gab, Preise und Löhne zu diktieren. Aber er hatte viele nicht-objektive Gesetze wie z.B. die Antitrust-Gesetze verabschiedet, die ihm die Macht gaben, jeden Andersdenkenden niederzuschlagen und Legalität überflüssig zu machen.

Der deutsche Reichstag schaffte sich selbst ab. Unser Kongress scheint dasselbe Ziel stückchenweise erreicht zu haben - langsam und schrittweise.

Die autoritäre Gewalttätigkeit von Mr. Kennedys Verhalten war für die meisten Menschen zu viel: Seine Untertöne waren zu offensichtlich. Das *Time Magazine* nannte es „einen der massivsten Angriffe, der je von einem Präsidenten gegen die Großindustrie gestartet wurde" - und erwähnte „die fast totalitäre Stoßrichtung seines Angriffs" (20. April 1962).

The New Republic, eine nicht gerade pro-kapitalistische Zeitung, veröffentlichte einen exzellenten Artikel von Charles A. Reich mit dem Titel „Noch so ein Sieg..." (30. April 1962). „In einer freien Gesellschaft", schrieb Professor Reich, „kann es kein einheitliches allgemeines Interesse geben, keine einzelne, autoritär festgestellte Idee von ‚Allgemeinwohl'. Freiheit hat wenig Bedeutung, wenn sie nur Handlungen erlaubt, die ‚verantwortlich' mit der Idee des Präsidenten über das nationale Interesse übereinstimmen." Und weiter: „Werden die Unternehmer nun zur Regierung gekrochen kommen, um ihre Gunst zu suchen? Und, was noch wichtiger ist, werden individuelle Bürger Angst davor haben, mit der ‚nationalen Politik' nicht übereinzustimmen? Präsident Kennedys Sieg mag Frieden und Überfluss vorangebracht haben, aber der Freiheit hat er nicht gedient."

Ist Freiheit Teil von Mr. Kennedys Programm?

Die Trennlinie zwischen einer „Mischökonomie" und einer Diktatur liegt in der Frage von Redefreiheit; die Einführung von Zensur ist der Grabstein eines freien Landes. Beachten Sie die konzertierten Anstrengungen der Regierung, uns über *diese* Linie zu schubsen - oder besser gesagt: zu schmuggeln.

Ich sage „schmuggeln", weil diese Anstrengungen so gewunden sind wie die Verwendung der Sprache durch die Vertreter des „Neuen Ziels" - und der Nebel ihrer Terminologie ist hier am dichtesten.

Das Vorauskommando der Grenztruppen, das fleißig versucht, die Stacheldrahtabsperrungen auszudehnen, ist Newton N. Minow, der Vorsitzende der *Federal Communications Commission.* Seine Aufgabe besteht anscheinend darin, den wichtigen Schalter im Bereich der freien Rede umzulegen: zuerst den Unterschied zwischen privater und staatlicher Handlung auszulöschen und dann ihre Bedeutung umzukehren. Das ist ein alter kollektivistischer Trick, aber so offen ist er noch nie vorgenommen worden.

Redefreiheit bedeutet Freiheit vor der Einmischung, der Unterdrückung oder der Bestrafung durch den Staat - und nichts anderes. Sie bedeutet nicht das Recht, die finanzielle Unterstützung oder die materiellen Mittel zu verlangen, um Ihre Ansichten auf Kosten anderer Menschen auszudrücken, die Sie vielleicht nicht unterstützen wollen. Redefreiheit schließt die Freiheit ein, nicht zuzustimmen, nicht zuzuhören und seine eigenen Gegner nicht zu unterstützen. Ein „Recht" beinhaltet nicht dessen materielle Umsetzung durch andere Menschen; es beinhaltet nur die Freiheit, diese Umsetzung durch eigene Anstrengung zu verdienen. Private Bürger können nicht körperliche Gewalt oder Zwang benutzen; sie können niemandes Ansichten oder Veröffentlichungen *zensieren* oder *unterdrücken*. Nur der Staat kann das. Und *Zensur* ist ein Begriff, der *nur* für Handlungen des Staates gilt.

Mr. Minow versucht, diesen Begriff umzukehren.

Mr. Minow hat offiziell angekündigt, dass jeder Fernseh- oder Radiosender, der nicht sein undefiniertes Kriterium eines unspezifizierten „Dienstes an der Allgemeinheit" erfüllt, seine Lizenz verlieren, d.h. für immer zum Schweigen gebracht werden wird.

Mr. Minow behauptet, *das* sei *keine* Zensur. Was *ist* denn dann Zensur? Ob Sie's glauben oder nicht, Zensur sei die Weigerung eines Sponsors, ein Fernsehprogramm zu finanzieren, oder die Weigerung eines Senders, eine Sendung auszustrahlen, oder die Weigerung eines Verlages, ein Buch zu veröffentlichen - und es sei die Pflicht des Staates, uns vor solchen Verletzungen unserer „Freiheit" zu *„schützen"*.

So sieht der „Schutz" des „Neuen Ziels" aus: Die Ansichten, die Ideen, die Überzeugungen, die Entscheidungen von privaten Individuen über die Benutzung und Verfügung ihrer eigenen materiellen Mittel - ihres eigenen Eigentums - seien Zensur. Was ist dann nicht Zensur? Mr. Minows Edikte.

Dies ist ein deutliches Beispiel dafür, warum Menschenrechte nicht ohne Eigentumsrechte existieren können und wie die Zerstörung von Eigentumsrechten zur Zerstörung von sämtlichen Rechten und aller Freiheit führt. Wenn die Verfechter des „Neuen Ziels" Erfolg damit haben, in den Köpfen den Unterschied zwischen wirtschaftlicher und politischer Macht, zwischen intellektueller Überzeugung und körperlicher Gewalt auszulöschen - dann können sie die ultimative kollektivistische Verdrehung einführen: die Behauptung, dass eine *private* Handlung Zwang, eine staatliche Handlung aber Freiheit sei.

Ich würde gerne aus einem Artikel zitieren, den ich über dieses Thema in der März-Ausgabe des *Objectivist Newsletter* geschrieben habe:

> „Wenn Mr. Minow uns versichert, dass er nicht vorhat, Zensur einzuführen, dann stimmt das; was er vorhat, ist weit schlimmer. Zensur ist in ihrer altmodischen Bedeutung ein staatliches Dekret, das die Behandlung spezifischer Themen oder Ideen verbietet - ein Dekret, das durch die Überwachung aller Medien vor ihrer Veröffentlichung durchgesetzt wird. Aber für das Abwürgen der Gedankenfreiheit ist die moderne Methode viel wirksamer; sie basiert auf der Macht nicht-objektiver Gesetze; sie verbietet und erlaubt nichts Bestimmtes; sie definiert und spezifiziert nichts; sie liefert nur das Leben, das Vermögen, die Karrieren und die Ambitionen der Menschen der willkürlichen Macht eines Bürokraten aus, der nach Lust und Laune Belohnungen und Bestrafungen verteilt."

In einer vor kurzem erschienenen Ausgabe des *Barron's* (10. Dezember 1962) werden Sie Beweise finden, die meine Aussage unterstützen und illustrieren.

> „Letzte Woche", schreibt *Barron's*, „war der Bürokrat, der so gut mit Worten umgehen kann [Mr. Minow], einmal sprachlos. Denn die FCC wurde, indem sie die Andeutungen ihres Chefs ernst nahm, dabei erwischt, wie sie alarmierend deutliche Briefe an Fernsehsender im ganzen Land schickte. Wenn sie sich nicht angemessen empfänglich für die behördliche Anschauung über Inhalt und Timing von Sendungen zeigten, so deutete die Botschaft an, könnten sie Schwierigkeiten damit kriegen, ihre Lizenz erneuert zu bekommen... Die Zeitschrift *Broadcasting*, die die ganze Affäre aufdeckte, nannte das offen ‚einen weiteren Schritt in Richtung zentralisierte Programmkontrolle' und ‚offene Gewalt.'"

Mr. Minow ist nicht das einzige prominente Mitglied der Grenztruppen des „Neuen Ziels"; es gibt noch ein älteres, das seit vielen Jahren auf ein solches Ziel gewartet hat.

Am 15. Juli 1962 brachte die *New York Times* einen Artikel, der ankündigte, dass „ein Antitrust-Ausschuss des Justizministeriums eine weitere Untersuchung über die Presse und andere Medien vorbereitet". Der Vorsitzende dieser Untersuchung ist der Abgeordnete Emanuel Celler.

> „Wir sind uns des 1. Zusatzartikels wohl bewusst. Wir sind uns auch bewusst, dass die Gerichte gesagt haben, dass man zwischen den Geschäftspraktiken und dem Inhalt von Zeitungen unterscheiden kann."

Anscheinend sieht Mr. Celler eine Erklärung seiner *Kenntnis* als ausreichende Treue zur Verfassung an – weil er dann ankündigt, dass die Untersuchung sich mit solchen (nicht-inhaltlichen?) Fragen befassen werde wie „dem Umgang mit Nachrichten und dem Einfluss landesweit vertriebener Kolumnen auf die Sammlung und Präsentation von lokalen Nachrichten".

Mr. Celler wird auch die Tatsache untersuchen, dass in einigen Städten ein Konzern sowohl die Abend- als auch die Morgenzeitung besitzt.

„Wir werden herausfinden, ob die Nachrichten in diesen Städten je nach den Vorurteilen oder den Abneigungen dieser Besitzer voreingenommen sind, und ob die Politik der Herausgeber permanent zu einer Seite tendiert." (Eine *nicht-inhaltliche* Frage?)

Bedeutet dies, dass der Besitzer einer Zeitung kein Recht hat, „permanente" politische Überzeugungen zu haben und dass eine Zeitung keine „permanente" Politik betreiben darf? Wenn der Besitzer einer einzelnen Zeitung das Recht auf Redefreiheit hat, verliert er es, wenn er *zwei* Zeitungen besitzt? Wer bestimmt, was „voreingenommen" ist und welche politischen Ansichten „Vorurteile und Abneigungen" sind? Die Regierung?

Die einzigen Fusionen, deren Überprüfung Mr. Celler ankündigte, waren die Erwerbungen von S. I. Newhouse und der Hearst-Gruppe. Beide sind weder exakt „liberal" in ihren politischen Ansichten noch sind sie der gegenwärtigen Administration übermäßig freundlich gesinnt.

Mr. Celler erklärte auch:

> „Wir wollen sehen, ob und zu welchem Ausmaß die Kolumnisten durch die Behandlung der Nachrichten des Tages örtliche Talente austrocknen."

Nun, es ist unanfechtbar gewiss, dass die Talente der Schülerzeitung nicht mit national vertriebenen Kolumnisten konkurrieren können.

Hier sehen wir den Kern der Antitrust-Doktrin - in einer so grotesken Form, dass kein Satiriker sich trauen würde, so eine Karikatur anzubieten. Und doch ist es keine Karikatur, es ist die nackte, brutale Wahrheit.

Wenn es richtig ist, Talent der Inkompetenz zu opfern, oder den Erfolg dem Misserfolg, oder Leistung dem Neid; wenn es richtig ist, riesige Industriekonzerne aufzuspalten, weil kleinere Firmen nicht mit ihnen mithalten können - dann ist es richtig, jeden zum Schweigen zu bringen, der ein landesweites Publikum hat und das Feld zu räumen für die, deren Publikum nie über die Kneipe an der Ecke hinausreichen wird.

Wenn es richtig ist, kleinen Städten die größere Auswahl und die niedrigeren Preise von großen Ketten vorzuenthalten und sie zu zwingen, den kleinen Tante-Emma-Laden zu unterstützen - dann ist es richtig, ihnen jeden Kontakt mit der Nation, allen berühmten Stimmen und allen TV-Netzwerken vorzuenthalten und sie per Gesetz auf Nachrichten vom Flohmarkt und vom Kaffeekränzchen, auf die „Untersuchung" solcher Nachrichten durch Stammtischexperten und auf Dichterlesungen der Liga von Mrs. Worthingtons Töchtern zu beschränken.

Redefreiheit? „Was denn, wir nehmen niemandem seine Redefreiheit, vorausgesetzt, dass man ihn nicht über seine Stadt oder seinen Häuserblock hinaus hört" würden die Trust-Busters schreien.

Nein, die Regierung würde keine Zensur einführen; sie müsste es gar nicht. Die Drohung mit Antitrust-Anklagen wäre ausreichend. Wir haben gesehen, was das der Stahlindustrie angetan hat. Herrschaft durch versteckte, unbeweisbare Einschüchterung verlässt sich auf die „freiwillige" Selbstversklavung der Opfer. Das Resultat ist schlimmer als eine zensierte Presse: eine unterwürfige Presse.

Dies sind Beispiele für die theoretische Kleinarbeit entlang des „Neuen Ziels". Sehen Sie sich als Vorschau der praktischen Resultate das Ausbleiben von Nachrichten während der kürzlichen Kuba-Krise an, und den offiziellen Versuch, die Nachrichten „als ein Instrument der Politik" zu manipulieren.

Meine Damen und Herren, keine Diktatur - weder Nazi-Deutschland noch Sowjetrussland oder sonst irgendeine - hat je die Redefreiheit auf einen Schlag abgeschafft: Es ist immer durch eine Serie von kleinen Schritten wie den eben beschriebenen geschehen.

Wodurch wird das möglich gemacht? Durch den magischen Schlüssel, der die Tore des totalitären Staates öffnet - und verschließt: *„Das Allgemeinwohl"*, das Konzept, das die Opferung von individuellen Rechten und Leben verlangt.

Mr. Kennedy und seine Berater sind nicht die Einzigen, die diese kollektivistische Lehre vertreten. Sie wird buchstäblich von all unseren politischen Führern, „Liberalen" wie „Konservativen", vertreten. Im 19. Jahrhundert beriefen sich die Republikaner als Rechtfertigung für das Anwachsen der staatlichen Kontrollen darauf - jener Kontrollen, die *sie* befürworteten. Der Sherman Act - das zerstörerischste unserer Gesetze - wurde von einem republikanischen Kongress verabschiedet und wird bis heute von den meisten „Konservativen" unterstützt.

Mr. Kennedys Administration ist nicht die Ursache, sondern die Wirkung und das *Produkt* eines langen kollektivistischen Trends. Sie ist das ultimative Resultat einer „Mischökonomie". Eine „Mischökonomie" ist ein institutionalisierter Bürgerkrieg von Interessengruppen, die gegeneinander um spezielle gesetzliche Gefälligkeiten kämpfen und somit immer weitere und weitere staatliche Kontrollen schaffen.

In dieser Hinsicht ist Mr. Kennedy kein Innovator, sondern ein panischer Verteidiger des Status Quo - des unhaltbaren, kollabierenden Status Quo der letzten Zuckungen einer „Mischökonomie". Er ist nicht für oder gegen die Wirtschaft oder die Gewerkschaften oder irgendeine andere Gruppe. Da von ihm erwartet wird, die einander widersprechenden Forderungen *aller* Interessengruppen in Einklang zu bringen, hat er keine andere Wahl, als willkürliche Macht zu suchen und nach der blinden Zweckdienlichkeit des jeweiligen Momentes zu handeln. Man kann das Unversöhnliche nicht versöhnen oder das Unmögliche möglich machen. Unter solchen Umständen gibt es nichts zu suchen außer Macht um der Macht willen.

Die schuldigste ideologische Schule sind heute die Sozialstaats-Dirigisten, die behaupten, dass sie keine Sozialisten sind, dass sie nie die Verstaatlichung von Privateigentum befürwortet oder gewollt hatten, dass sie Privateigentum „schützen" wollen – mit staatlicher Kontrolle über dessen Nutzung und Verfügung. Aber *das* ist das fundamentale Merkmal des Faschismus.

Es macht keinen Unterschied, ob staatliche Kontrollen angeblich die Interessen der Arbeiter oder der Arbeitgeber, die der Armen oder die der Reichen, die einer speziellen Klasse oder einer speziellen Rasse bevorzugen: Die Resultate sind dieselben. Die Idee, dass eine Diktatur eine gesellschaftliche Gruppe auf Kosten einer anderen bevorzugen kann, ist ein abgetragenes Überbleibsel der marxistischen Klassenkampfmythologie, die von einem halben Jahrhundert aus faktischen Beweisen widerlegt worden ist. Alle Menschen sind unter einer Diktatur Opfer und Verlierer; niemand gewinnt, außer der herrschenden Clique.

Mr. Kennedy mag in einer Hinsicht recht haben: Wenn er erklärt, dass „die Unterschiede heute nur Detailfragen" sind, dann hat er in Bezug auf die sogenannten „praktischen" Politiker und Parteiprogramme der unmittelbaren Gegenwart recht. Es stimmt, dass alle Vertreter einer „Mischökonomie", „liberal" oder „konservativ", Demokraten oder Republikaner, die Grundprinzipien des Dirigismus akzeptiert haben und dass die Unterschiede zwischen ihnen *wirklich* nur Detailfragen sind – und eine Frage der Zeit: Einige wollen in den Abgrund galoppieren und andere kriechen. In dieser Hinsicht sahnt Mr. Kennedy mit ihren Ausflüchten ab und konfrontiert sie *ausdrücklich* mit den Konsequenzen dessen, was sie *implizit* vertreten haben.

Aber wie alle anderen traut sich Mr. Kennedy nicht, ausdrücklich die Tatsache zu benennen, dass das System, das sie mit ihren willkürlichen und langsamen Anstrengungen schaffen, Faschismus ist.

Mr. Kennedys öffentliche „Figur" und seine Reden sind dazu entworfen, uns für die Idee zu konditionieren, dass sein „namenloses" System unsere Alternative zum Kommunismus sei; dass unsere einzige Wahl die von Herrschern sei; dass der totalitäre Staat jetzt auf Dauer hier sein wird - dass die Möglichkeit einer freien, ungezwungenen Gesellschaft, der Gesellschaft des *Kapitalismus*, zusammengebrochen oder verschwunden sei oder nie existiert habe und nicht diskutiert oder in Betracht gezogen werden dürfe.

Hitler kam an die Macht, indem er behauptete, dass Nazismus die einzige Alternative zu Kommunismus sei und dass das Zeitalter der Freiheit vorbei sei.

Aber es ist in Wirklichkeit der Dirigismus, der als intellektuelle Kraft oder kulturelles Ideal zusammengebrochen ist. Der altruistisch-kollektivistische Glaube ist an sein Ende gekommen. Das 20. Jahrhundert hat seinen Höhepunkt und das Ende seines unmenschlichen Weges gesehen. Das „Neue Ziel" ist nur ein schwaches Nachglühen - ein abgetragenes, müdes, zynisches Überbleibsel, zusammengeschustert aus Fetzen entlang dieses Weges. Im heutigen intellektuellen Vakuum bekleidet es seine Führungsposition nur durch Unterlassung.

Wenn Sie ihm entgegentreten wollen, müssen Sie seine Grundprämissen bekämpfen. Sie müssen zuerst erkennen, dass es so etwas wie „das Allgemeinwohl" nicht gibt, außer als Summe der Interessen aller individuellen Menschen. Und das grundlegende, gemeinsame Interesse aller Menschen - aller *rationalen* Menschen - ist Freiheit. *Freiheit* ist das erste Erfordernis des „Allgemeinwohls" - nicht, was Menschen tun, *wenn* sie frei sind, sondern *dass* sie frei sind. All ihre Leistungen basieren auf diesem Fundament - und können nicht ohne es existieren.

Die Prinzipien eines freien, ungezwungenen Gesellschaftssystems sind die einzige Form des „Allgemeinwohls". Solche Prinzipien gab es und gibt es. Versuchen Sie sich ein solches System vorzustellen. In der heutigen kulturellen Atmosphäre mag es Ihnen wie eine Reise ins Unbekannte vorkommen. Aber so wie Kolumbus werden Sie Amerika entdecken.

Modernes Management

Dies ist Ayn Rands Antwort auf die Frage, „welchem ‚Glauben' sich moderne Manager verschrieben haben oder verschreiben sollten". Abgedruckt in *The Atlantic Economic Review*, September 1958.

Der moderne Unternehmer braucht eine neue Lebensphilosophie und einen neuen Moralkodex – eine Moral basierend auf Vernunft und Eigeninteresse.

Die „protestantische Ethik", wie sie in *The Organization Man* beschrieben wird, ist kein philosophischer Moralkodex. Sie ist ein populärer Notbehelf, ein Satz von Regeln für „praktische" Handlungen – und von Anfang an kämpfte sie einen verlorenen Kampf gegen die offizielle Moral der jüdisch-christlichen Tradition: die Moral des Altruismus, des Mystizismus und der Selbstopferung. Kapitalismus ist mit der Moral des Altruismus unvereinbar – und was wir jetzt sehen, ist die letzte Stufe ihres Konflikts.

Die Weltkrise unserer Zeit ist das Resultat, der Höhepunkt und die Sackgasse des altruistischen Kodexes. Unternehmer – und noch weiter: alle Menschen mit Talent – sind seine ersten Opfer. Wenn *Bedürftigkeit* und nicht Leistung als erster moralischer Anspruch angesehen wird, dann gehört die Erde nicht den Sanftmütigen, sondern den Mittelmäßigen.

Die Quelle der Katastrophe liegt in unserer modernen Philosophie. Die Kernaussage des Pragmatismus, des Positivismus und dem ganzen Rest der neo-mystischen, platonischen Nicht-Denkschulen ist eine einzige grundlegende Theorie: dass der Verstand ohnmächtig ist, dass Vernunft eine Illusion ist und dass eine objektive Realität nicht existiert, oder wenn doch, dann hat der Mensch keine Möglichkeit, sie je wahrzunehmen. Wenn Sie dies für eine harmlose, akademische Spekulation halten, sehen Sie sich *The Organization Man* an, und Sie werden sehen, dass die elenden kleinen selbstverleugnenden Mittelmäßigkeiten, die von Mr. Whyte beschrieben werden, die exakte, praktische Umsetzung dieser philosophischen Theorien sind. Nachdem sie in der Schule und im College jahrelang von der Frage zugeschüttet wurden: „Für wen hältst du dich, dass du es besser weißt?", wird der

Durchschnittsmensch sich selbst als hilflosen Zombie ansehen und den Gehorsam zur Gruppe als seinen einzigen Weg zur Gewissheit suchen. Den nächsten und letzten Schritt macht das kommunistische Russland - oder jeder andere konsequente Vertreter einer vernunftfeindlichen, egofeindlichen Philosophie -, der ihn dann übernehmen wird.

Wenn der amerikanische Unternehmer tendenziell anti-intellektuell ist, dann haben diese Philosophen ihn dazu gebracht. Er wusste, dass man nicht nach einer solchen Philosophie leben kann, und er beging den tragischen Fehler, zu versuchen, *ohne* eine Philosophie zu leben. Dies ist sein größter Fehler: dass er Menschen für Intellektuelle hält, deren einziger Anspruch auf diesen Titel die Verleugnung des Intellekts ist.

Was wir jetzt brauchen, ist eine Union der Intellektuellen und der Unternehmer. Wir brauchen einen *neuen Typ von Intellektuellen*, Menschen, die Denker sind, nicht Menschen einer Über-Realität, sondern von dieser Erde - kurz gesagt Aristoteliker. Platonismus war in der einen oder anderen Form die Philosophie all der dunklen Zeitalter und aller kollektivistischen Diktaturen der Geschichte. Aristoteles war der Vater der Renaissance, der Industriellen Revolution, der Wissenschaft, des Individualismus, des Kapitalismus und der Vereinigten Staaten.

Wenn die echten Unternehmer auch nur eine Stunde ihres 18-Stunden-Tages damit verbrächten, sich das Wesen und die Macht der Philosophie anzusehen, würden sie sehen, dass der Ast, auf dem sie sitzen, abgesägt wird, und dass der Rest ihrer Zeit - genau wie der Großteil ihrer öffentlichen Reden - der Unterstützung, der Finanzierung und der Verherrlichung ihrer eigenen Zerstörer gewidmet ist. Sie sollten die Herrschaft der etablierten Mittelmäßigkeit bekämpfen. Sie sollten aufhören, den Glauben ihrer Feinde zu predigen. Sie sollten aufhören, sich für ihre Fähigkeiten und ihren Erfolg zu entschuldigen. Sie sollten aufhören, die kollektivistische Billigung des „Allgemeinwohls" zu suchen. Sie sollten ihr *moralisches* Recht auf ihr Leben und ihre Profite proklamieren.

Kurz gesagt sollten sie ihre philosophischen Grundsätze überprüfen - und ihre PR-Abteilungen.

Der einzige Weg in die Zukunft

Eine gekürzte Version dieses Artikels erschien im *Reader's Digest*, Januar 1944.

Die größte Bedrohung für die Menschheit und die Zivilisation ist die Verbreitung der totalitären Philosophie, deren bester Verbündeter nicht das Engagement ihrer Anhänger, sondern die Verwirrung ihrer Gegner ist. Um sie zu bekämpfen, müssen wir sie verstehen.

Totalitarismus ist Kollektivismus. Kollektivismus bedeutet die Unterjochung des Individuums durch eine Gruppe – ob durch eine Rasse, eine Klasse oder einen Staat ist unwichtig. Kollektivismus sagt, dass der Mensch für das, was man „das Allgemeinwohl" nennt, an kollektive Handlung und kollektives Denken angekettet werden müsse.

Noch nie ist ein Tyrann ohne die Behauptung, „das Allgemeinwohl" zu repräsentieren, an die Macht gekommen. Gräueltaten, die niemand für sein eigenes egoistisches Wohl in Betracht ziehen würde, werden mit reinem Gewissen von „Altruisten" begangen, die sich mit „dem Allgemeinwohl" rechtfertigen.

Kein Tyrann könnte lange allein durch die Macht der Waffen durchhalten. Menschen sind vorwiegend durch geistige Waffen versklavt worden. Und die größte dieser Waffen ist die kollektivistische Doktrin des Vorrangs des Allgemeinwohls vor dem individuellen Wohl. Kein Diktator könnte an die Macht kommen, wenn Menschen die feste Überzeugung hätten, dass sie unveräußerliche Rechte haben, derer sie aus keinem Grund der Welt beraubt werden können, und zwar von niemandem, sei es ein Übeltäter oder ein Wohltäter, und dass nichts höher steht als diese Rechte.

Individualismus sagt, dass der Mensch eine unabhängige Entität mit dem unveräußerlichen Recht auf das Streben nach seinem eigenen Glück ist, in einer Gesellschaft, in der Menschen durch freiwilligen, unregulierten Handel als Gleiche miteinander umgehen.

Das amerikanische System ist auf Individualismus gegründet. Wenn es überleben soll, müssen wir die Prinzipien des Individualismus verstehen und sie in jeder Frage als unser Banner hochhalten. Wir müssen ein positives Credo haben, eine klare, konsequente Überzeugung.

Wir müssen lernen, die Auffassung eines „Allgemeinwohls", das individuellen Rechten überlegen ist, als das absolut Böse abzulehnen. Allgemeines Glück kann nicht durch allgemeines Leid und Selbstopferung erreicht werden. Man kann keinen gesunden Wald aus verfaulten Bäumen machen.

Die Macht der Gesellschaft muss immer von den grundlegenden, unveräußerlichen Rechten des Individuums beschränkt werden. Dies war die Auffassung der Gründerväter unseres Landes, die individuelle Rechte über alle kollektiven Forderungen stellten.

Das Recht auf Freiheit bedeutet das Recht auf individuelle Handlung, individuelle Entscheidung, individuelle Initiative und individuellen Besitz. Ohne das Recht auf Privateigentum ist unabhängiges Handeln unmöglich.

Das Recht auf das Streben nach Glück bedeutet das Recht, für sich selbst zu leben, zu entscheiden, was das eigene, private, persönliche Glück darstellt und für seine Erlangung zu arbeiten. Jedes Individuum ist der einzige und letzte Richter in dieser Entscheidung. Das Glück eines Menschen kann ihm nicht durch einen anderen Menschen oder eine Anzahl von Menschen vorgeschrieben werden.

Diese Rechte sind der unbedingte, persönliche, private, individuelle Besitz jedes Menschen, der ihm durch die Tatsache seiner Geburt verliehen wird und keine andere Billigung benötigt.

Seit Anbeginn der Geschichte haben sich zwei Antagonisten, zwei entgegengesetzte Menschentypen gegenübergestanden: Der Aktive und der Passive. Der Aktive Mensch ist der Produzent, der Schöpfer, der Individualist. Sein Grundbedürfnis ist Unabhängigkeit - um denken und arbeiten zu können. Er braucht keine Macht über andere Menschen und sucht sie nicht - und er kann nicht unter Zwang arbeiten. Jede Art von guter Arbeit - von Mauern bis zum Schreiben einer Sinfonie - wird vom Aktiven Menschen verrichtet. Grad und Umfang an menschlichem Talent variieren, aber das Grundprinzip bleibt dasselbe; das Ausmaß der Unabhängigkeit und der Initiative bestimmt das Talent als Arbeiter und seinen Wert als Menschen.

Den Passiven Menschen findet man auf jeder Stufe der Gesellschaft, in Villen und in Slums, und sein Identifikationsmerkmal ist seine Angst vor Unabhängigkeit. Er ist ein Schmarotzer, der erwartet, dass andere sich um ihn kümmern, der wünscht, Befehle zu bekommen, zu gehorchen, sich unterzuordnen und beherrscht zu werden. Er heißt Kollektivismus willkommen, der jede Möglichkeit eliminiert, dass er aus eigener Initiative denken oder handeln müsste.

Wenn eine Gesellschaft auf den Bedürfnissen des Passiven Menschen basiert, zerstört sie den Aktiven; aber wenn der Aktive zerstört wird, kann der Passive nicht überleben. Wenn eine Gesellschaft auf den Bedürfnissen des Aktiven Menschen basiert, trägt sie die Passiven durch seine Energie mit und lässt sie aufsteigen, während er und die ganze Gesellschaft aufsteigt. Dies ist das Muster allen menschlichen Fortschritts.

Einige Menschenfreunde verlangen wegen ihres Mitleids für den inkompetenten oder Passiven Menschen einen kollektivistischen Staat. Zu seinen Gunsten wollen sie die Aktiven anketten. Aber der Aktive Mensch kann nicht in Ketten funktionieren. Und wenn er erst zerstört wurde, folgt die Zerstörung des Passiven Menschen automatisch. Wenn also Mitleid der erste Gesichtspunkt der Menschenfreunde wäre, dann sollten sie im Namen des Mitleids, wenn schon aus keinem anderen Grund, den Aktiven Menschen frei sein lassen, um dem Passiven zu helfen. Es gibt keine andere Möglichkeit, ihm zu helfen. Die Aktiven werden jedoch in einer kollektivistischen Gesellschaft ausgelöscht.

Die Geschichte der Menschheit ist die Geschichte des Kampfes zwischen dem Aktiven und dem Passiven Menschen, zwischen dem Individuum und dem Kollektiv. Die Länder, die die glücklichsten Menschen, den höchsten Lebensstandard und die größten kulturellen Fortschritte produziert haben, sind die Länder gewesen, in denen die Macht des Kollektivs - der Regierung, des Staates - beschränkt war, und in denen das Individuum Freiheit zu unabhängiger Handlung hatte. Als Beispiele: Der Aufstieg Roms über die kollektivistische Barbarei seiner Zeit, mit seiner Auffassung von auf den Rechten des Bürgers basierenden Gesetzen. Der Aufstieg Englands über die kollektivistische Barbarei seiner Zeit, mit seinem auf der Magna Carta basierenden Regierungssystem. Der Aufstieg der Vereinigten Staaten zu Errungenschaften ohne Gleichen – dank der individuellen Freiheit und Unabhängigkeit, die unsere Verfassung jedem Bürger als Schutz vor dem Kollektiv gab.

Während die Menschen noch immer über die Ursachen des Aufstieges und Niedergangs von Zivilisationen grübeln, schreit uns jedes Blatt der Geschichte an, dass es nur eine einzige Quelle des Fortschritts gibt: den individuellen Menschen mit unabhängiger Handlung. Kollektivismus ist das uralte Prinzip der Barbarei. Das gesamte Dasein eines Wilden ist öffentlich und wird von den Gesetzen seines Stammes beherrscht. Zivilisation ist der Prozess, den Mensch von den Menschen zu befreien.

Nun stehen wir vor einer Entscheidung: Vorwärtsgehen oder zurückgehen.

Kollektivismus ist nicht die „Neue Ordnung der Zukunft“. Er ist die Ordnung eines sehr dunklen Gestern. Aber es gibt eine Neue Ordnung der Zukunft. Sie gehört dem individuellen Menschen – dem einzigen Schöpfer jeder Zukunft, die der Menschheit je vergönnt war.

Der Erste Zusatzartikel und „symbolische Rede“

Dies ist Ayn Rands Kommentar zum kontroversen Nazi-Marsch durch die Straßen von Skokie, Illinois. Veröffentlicht im *Objectivist Calendar*, Juni 1978.

Dies ist eine sehr komplexe Frage. Solange die Gerichte einen Marsch durch die Straßen als Form von Redefreiheit ansehen, solange Kommunisten oder Linke oder irgendjemand marschieren darf, muss es auch den Nazis gestattet sein. In dieser Hinsicht stimme ich sehr widerwillig mit [den Repräsentanten der] A.C.L.U. überein (widerwillig, weil ich selten mit ihnen einer Meinung bin): Sie mögen die Nazis nicht, aber sie finden, dass sie für das „Recht“ der Nazis kämpfen müssen. Wenn Demonstrationen als eine Form von Rede angesehen werden, dann muss man sie allen erlauben.

Aber was ich bekämpfe (nicht nur wegen dieses speziellen Falles), ist die Interpretation von Demonstrationen und anderen Handlungen als sogenannte „symbolische Rede“. Wenn Sie den Unterschied zwischen Handlung und Redefreiheit verlieren, verlieren Sie letztendlich die Freiheit zu beidem. Der Fall von Skokie ist eine gute Illustration dieses Prinzips. So etwas wie „symbolische Rede“ gibt es nicht. Sie haben kein Recht dazu, durch öffentliche Straßen zu marschieren oder öffentliche Straßen zu blockieren. Ja, Sie haben das Recht auf Versammlungsfreiheit – auf Ihrem eigenen Besitz und auf dem Besitz Ihrer Anhänger oder Ihrer Freunde. Aber niemand hat das „Recht“, die Straßen zu verstopfen. Die Straßen sind für den Verkehr da. Den Hippies hätte es in den 60er-Jahren verboten werden sollen, Sitzblockaden abzuhalten. (Es war ihre Angewohnheit, sich auf Straßen hinzulegen und Verkehrsstaus zu verursachen, um ihre Ansichten zu zeigen, um Aufmerksamkeit auf sich zu ziehen und um Protest auszudrücken.) Wenn ihnen das erlaubt wurde, sollte man den Nazis das auch erlauben. Eigentlich sollte es beiden verboten werden. Sie dürfen sprechen, ja. Nach Lust und Laune auf öffentlichem Eigentum handeln dürfen sie nicht.

Ich möchte hinzufügen, dass die Frage von „offenem Bekenntnis zu Völkermord" in der Frage von Redefreiheit irrelevant ist. Das Prinzip der Redefreiheit befasst sich nicht mit dem *Inhalt* von Reden und schützt nicht nur *gute* Ideen, sondern *alle* Ideen. Wenn es anders wäre, wer würde bestimmen, welche Ideen gut sind und welche verboten gehören? Die Regierung?

Weiterhin gibt es kein Prinzip, nach dem Völkermord - ein Verbrechen gegen eine Gruppe von Menschen - als *moralisch* anders (oder schlimmer) angesehen werden kann als ein Verbrechen gegen ein Individuum: Der Unterschied ist nur quantitativ, nicht moralisch. Man kann leicht beweisen, dass Kommunismus die Auslöschung - den Völkermord, wenn Sie so wollen - einer besonderen menschlichen Spezies bedeutet und erfordert: der Menschen mit Talent. Die Kommunisten und die Nazis sind bloß zwei Varianten derselben bösartigen Idee: Kollektivismus. Beide sollten die Freiheit haben, zu sprechen - böse Ideen sind nur gefährlich durch die Unterlassung der Menschen, die bessere Ideen vertreten.

Die säkulare Bedeutung von Weihnachten

Dies ist Ayn Rands Antwort auf die Frage, ob es für Atheisten angemessen ist, Weihnachten zu feiern. Veröffentlicht im *Objectivist Calendar*, Dezember 1976.

Ja, natürlich. Ein nationaler Feiertag kann in unserem Land keine ausschließlich religiöse Bedeutung haben. Die säkulare Bedeutung von Weihnachten ist umfassender als die Lehrsätze einer bestimmten Religion: Es ist guter Wille – eine Geisteshaltung, die nicht der ausschließliche Besitz der christlichen Religion ist (obwohl er Teil davon sein soll, wenn auch ein meistens unbeachteter Teil).

Der charmante Aspekt an Weihnachten ist die Tatsache, dass es guten Willen in einer fröhlichen, glücklichen, wohlmeinenden, *nichtopfernden* Weise ausdrückt. Man sagt: „Fröhliche Weihnachten!" – nicht „Weine und bereue!" Und der gute Wille wird in einer materiellen, *irdischen* Form ausgedrückt – indem man seinen Freunden Geschenke macht oder indem man ihnen Karten als Zeichen der Verbundenheit schickt. (Das Schenken ist nur so lange charmant, wie es nichtopfernd ist. O. Henrys berühmtes *Geschenk der Weisen* ist eine sadistische Horrorstory, wenn er sie auch nicht so gemeint hat; diese Geschichte ist ein gutes Beispiel für die Nutzlosigkeit des Altruismus.)

Der beste Aspekt an Weihnachten ist der Aspekt, der von den Mystikern für gewöhnlich verschrien wird: die Tatsache, dass Weihnachten *kommerzialisiert* worden ist. Das Kaufen von Geschenken ist gut für die Wirtschaft des Landes; aber wichtiger ist in diesem Kontext, dass es einen enormen Einfallsreichtum für die Schaffung von Produkten stimuliert, die einem einzigen Zweck dienen: Menschen Freude zu machen. Und die Straßendekorationen in Läden und anderswo – die Weihnachtsbäume, die blinkenden Lichter, die glitzernden Farben – geben der Stadt ein spektakuläres Aussehen, das nur die „kommerzielle Gier" uns geben kann. Man müsste schon furchtbar depressiv sein, um der wunderbaren Ausgelassenheit dieses Spektakels zu widerstehen.

Fröhliche Weihnachten und Frohes Neues Jahr Ihnen allen.

Lieblingsschriftsteller

Dies ist Ayn Rands Antwort auf die Frage, was sie zu ihrem Vergnügen liest. Veröffentlicht im *Objectivist Calendar*, April 1977.

Wie Sie wahrscheinlich wissen, sind meine Lieblingsschriftsteller Victor Hugo, Dostojewski und O. Henry. Ich habe es seit langem aufgegeben, moderne „ernste" Literatur zu lesen, da sie weder ernst noch literarisch ist. Heute sind Kriminalromane die einzige Art von Prosa, die ich zum Vergnügen lese (im Gegensatz zu Informationszwecken). Aber selbst hier sind die besten vor den 1950er Jahren geschrieben worden. Es gibt einige Ausnahmen, aber so selten, dass ich niemandem raten kann, sich durch den formlosen, anmaßenden und unlesbaren Müll zu wühlen, der in den letzten 25 Jahren erschienen ist.

Die Fähigkeit, eine Geschichte zu erzählen und eine Handlung (eine *zielgerichtete* Handlung) zu konstruieren, ist sehr selten, sehr schwierig und erfordert die Eigenschaft, die ich an einem Schriftsteller am meisten genieße und bewundere: *Einfallsreichtum.* Heute findet man ihn nur in Kriminalgeschichten (nicht in Agenten- oder Abenteuerromanen, sondern in Krimis).

Die unübertroffen beste Krimiautorin ist Agatha Christie. Sie hat Dutzende von Romanen geschrieben und – mit Ausnahme einiger weniger, besonders ihrer letzten – sind sie brillant einfallsreich, faszinierend und spannend. Meine Lieblingsbücher sind: *Tod auf dem Nil, Zehn kleine Negerlein, Die Morde des Herrn ABC* und vor allem *Der geheimnisvolle Mr. Quin.* (Das letzte ist eine Sammlung von Kurzgeschichten und ihr bestes literarisches Buch.)

Die beste Stilistin unter den Krimiautoren ist Dorothy L. Sayers. Ihr Aufbau ist nicht immer gut, aber sie schreibt schön – viel, viel besser als die meisten sogenannten ernsten Schriftsteller. Ihr bester Roman: *Mord braucht Reklame.*

Was einfallsreiche Geräte angeht, so würde ich Carter Dickson empfehlen, wenn auch mit Vorbehalt: Ich habe nicht alles von ihm gelesen, und einige seiner Gimmicks sind so weit hergeholt, dass sie an Betrug grenzen (weil sie unmöglich sind).

Wenn Sie ihn im Fernsehen verpasst haben, dann ist auf Erle Stanley Gardner, Autor von Perry Mason, immer Verlass. Sein Schreibstil ist etwas primitiv, aber besser als das anmaßende Geschreibsel von einigen der modernen Damen, die versuchen, Krimis mit Belletristik zu kombinieren und dabei beides töten.

Eine Autorin, die in den 1930er-Jahren sehr populär war, ist Leslie Ford. Sie ist erfinderisch, phantasiereich und schreibt sehr gut – aber ihre Romane variieren unvorhersagbar: Einige sind sehr gut und einige einfach schrecklich, also werden Sie sie auf eigenes Risiko versuchen müssen.

Wenn man von Einfallsreichtum spricht, kann man Fredric Brown nicht auslassen, der in dieser Hinsicht brillant ist. Aber der Fehler in seinen Romanen ist ein bösartiges Lebensgefühl, das seine Geschichten fast ruiniert. Ein Lebensgefühl ist nicht das dominante Element in einem Krimi, aber Mr. Browns ist fast zu viel. (Ich spreche von seinen Krimis, nicht von seinen Science-Fiction Büchern; dafür interessiere ich mich nicht.) Mr. Browns spritzigstes und verblüffendstes Buch ist eine Sammlung von Kurzgeschichten und heißt *Nightmares and Geezenstacks*.

Ich mochte die frühen Romane von Mickey Spillane, aber er ist seit Jahren im Zerfall begriffen und ist nun auf das moderne Niveau herabgesunken. Ich möchte gerne „Ruhe in Frieden" sagen, aber in Worten aus vier Buchstaben und Pornographie findet man keine Ruhe.

Noch ein Favorit von mir – Donald Hamilton – hat überlebt. Er schreibt noch, wenn auch nicht ganz so unterhaltsam wie früher. (Seine Romane sind mehr Abenteuergeschichten als Krimis.)

Es gibt eine Vielzahl von Autoren, die einen guten Krimi geschrieben haben, die aber dessen Qualität nie wieder erreicht haben, also werde ich sie nicht empfehlen. Ich hoffe, Sie werden einige vergnügliche Bücher finden – unter den oben genannten.

Fragen und Antworten zu Hymne

Eine High-School-Lehrerin hatte ihrer Klasse Ayn Rands Novelle *Hymne* als Aufgabe gestellt. Sie schrieb an Miss Rand und berichtete ihr, dass ihre Schüler das Buch wegen „der einzigartigen Ideen und Theorien" mochten. Ihre Schüler stellten jedoch Fragen über das Buch, die die Lehrerin nicht beantworten konnte, und sie bat die Autorin um Hilfe. Abgedruckt sind hier einige der Fragen und Ayn Rands Antworten aus dem *Objectivist Calendar* vom Juni 1979.

F: Haben Sie Ihre Figuren nach bestimmten Individuen entworfen?
AR: Nein. Alle Figuren sind von mir erfunden.

F: Wie haben Sie die Namen für die Figuren im Buch ausgewählt?
AR: Da die Menschen keinen Begriff von Individualität hatten, konnten sie keine individuellen Namen haben - nur Nummern. Ich stellte die Nummern wie Telefonnummern zusammen, mit den Vorsilben aus dirigistischen Parolen, von denen einige gut, aber heuchlerisch für diese Gesellschaft sind (wie z.B. „Freiheit") - und andere ironisch gemeinte (wie z.B. „Gleichheit" für den Helden, der offensichtlich ein Genie und kein Durchschnittsmensch ist).

F: Welcher Rasse gehört Gleichheit an?
AR: Jeder Rasse - da er das Bestmögliche aller Rassen darstellt.

F: Als Gleichheit in den Wald ging, hatte er da keine Angst, nachdem er von all denen gehört hatte, die nicht zurückkamen?
AR: Nein, er hatte keine Angst, weil er den Mut der Wissenschaftler hatte, die immer das Unbekannte studieren wollen. Nebenbei wollte er nie wieder in seine Heimat zurückkehren, in die Sklaverei eines kollektivistischen Staates.

F: Wodurch wurden die Menschen in den Unerwähnbaren Zeiten zerstört?
AR: Sie wurden zerstört von der Philosophie, die sie akzeptiert hatten. Sie lehnten Vernunft, Egoismus, Individualismus und Freiheit ab - und sie akzeptierten Mystizismus, Altruismus, Kollektivismus und Diktatur. Die in *Hymne* dargestellte Gesellschaft ist die letztendliche logische Konsequenz und die perfekte Verkörperung dieser bösartigen Philosophie. Beachten Sie, dass die Parolen dieser Philosophie

heute überall um uns herum gepredigt werden. Wenn Sie die Art von Gesellschaft in *Hymne* nicht mögen, dann müssen sie diese Philosophie ablehnen und bekämpfen.

F: Wie kann der Rat der Gelehrten Entscheidungen treffen, ohne nachzudenken?
AR: Sie treffen Entscheidungen durch die Leitung ihrer Gefühle und durch blinden Gehorsam gegenüber dem Staat – einem vorgeschriebenen Dogma.

F: Wozu wurde der Tunnel in den Unerwähnbaren Zeiten benutzt?
AR: Er war eine U-Bahn.

F: Wie kam diese Gesellschaft zustande und wie konnte sie so außer Kontrolle geraten, dass fast alles ein Verbrechen war?
AR: Der Grund [für beide Teile] der Frage liegt in der Philosophie, die die Menschen akzeptiert hatten (siehe meine Antwort auf die fünfte Frage). Wenn Menschen keine Rechte haben, wenn von ihnen erwartet wird, dass sie zugunsten anderer leben, dann wird alles, was sie für sich selbst tun, von ihren Herrschern als Verbrechen angesehen werden.

F: Wer wählte die Leute für den Weltrat aus?
AR: Die im Weltrat verschanzte Clique suchte sich ihre Mitglieder selbst aus und verewigt sich somit selbst. Sehen Sie sich als ein Beispiel für eine solche Politik die Regierung von Sowjetrussland an.

F: Warum war es gegen das Gesetz, unglücklich zu sein?
AR: Weil die Herrscher keine Beschwerden wollten; sie wollten, dass die Sklaven so tun, als seien sie mit ihren Lebensbedingungen zufrieden.

F: Warum wurde ein Alter von 40 bis 45 als alt angesehen?
AR: Weil das Leben in einer solchen Gesellschaft so hart war, dass die Menschen ausgelaugt waren und nur wenige älter wurden. Es ist eine historische Tatsache, dass die Lebenserwartung in primitiven, prä-industriellen Gesellschaften 20 Jahre betrug. (Heute liegt sie bei 72 Jahren.)

F: Wie lange haben Sie gebraucht, um Hymne *zu schreiben?*
AR: Ungefähr drei Monate.

F: Woher hatten Sie die Idee für das Thema?
AR: Ich hatte die Idee während meiner Schulzeit in Sowjetrussland, als ich all die bösartigen Angriffe auf Individualismus hörte und ich mich fragte, wie die Welt aussehen würde, wenn die Menschen das Wort „Ich" verlieren würden.

F: Welche Religionen gab es in dieser Gesellschaft?
AR: Die Anbetung des Staates, des Kollektivs, war die Religion der Gesellschaft.

F: Warum haben Sie den Titel Hymne *gewählt?*
AR: Weil diese Geschichte meine Hymne für das Ego des Menschen ist.

Warum ich gerne Briefmarken sammle

Dieser Artikel erschien erstmals 1971 im *Minkus Stamp Journal.*

Im Alter von 10 Jahren fing ich an, Briefmarken zu sammeln, musste es aber aufgeben, als ich zwölf war. Seitdem habe ich nie daran gedacht, dieses Hobby wieder aufzunehmen. Es hinterließ nur einen Nacheffekt: Ich konnte keine interessant aussehende Briefmarke wegwerfen. Also hob ich hier und da Briefmarken auf; ich tat sie in Umschläge und schaute sie nie wieder an.

Dann, vor ungefähr eineinhalb Jahren, traf ich ein kluges kleines Mädchen namens Tammy, die mich - zwar etwas schüchtern, aber sehr bestimmt - fragte, ob ich Briefe aus dem Ausland bekäme, und wenn ja, ob ich ihr die Marken geben würde. Ich versprach, ihr meine Dubletten zu schicken. Sie war 11 Jahre alt und so ernsthaft mit ihrer Sammlung beschäftigt, dass sie mich an mich selbst in diesem Alter erinnerte.

Als ich erst einmal angefangen hatte, meine Marken auszusortieren, war es um mich geschehen.

Es war eine erstaunliche Erfahrung, meinen Enthusiasmus nach mehr als fünfzig Jahren wiederzufinden, als ob es keine Unterbrechung gegeben hätte. Nur hatte ich nun den Eifer eines Kindes zusammen mit dem vollen Bewusstsein, dem Vertrauen und der Freiheit des Alters.

Mein erster Schritt war der Kauf eines *Minkus Master Global Stamp Albums.* Nach eineinhalb Jahren ist es auf vier Bände plus vier Spezialalben angewachsen - und meine Sammlung wächst noch, mit zunehmender Geschwindigkeit. Nein, ich habe Tammy nicht vergessen: Ich habe ihr alle paar Monate päckchenweise Dubletten geschickt und ich bin ihr sehr dankbar.

In all diesen Jahren hatte ich nie ein Mittel gegen geistige Erschöpfung gefunden. Nun, wenn ich nach einem Tag an der Schreibmaschine müde bin, verbringe ich eine Stunde mit meinen Briefmarkenalben, und das versetzt mich in die Lage, für den Rest des Abends das

Schreiben wieder aufzunehmen. Ein Briefmarkenalbum ist eine wundervolle geistige Erfrischung.

Ich werde oft gefragt, warum Menschen gerne Briefmarken sammeln. Ein so weit verbreitetes Hobby kann natürlich viele verschiedene Motive haben. Ich kann nur in Bezug auf meine eigenen Motive antworten, die ich aber auch bei anderen Sammlern beobachtet habe.

Das Vergnügen liegt in einer bestimmten Weise, seinen Geist zu gebrauchen. Briefmarkensammeln ist ein Hobby für beschäftigte, zielstrebige, ehrgeizige Leute - weil es die wichtigsten Elemente einer Karriere hat, sie aber in eine klar begrenzte, private Welt transponiert.

Eine Karriere erfordert die Fähigkeit, ein Ziel durch viele einzelne Schritte und Entscheidungen, die sich durch einen ständigen Fortschritt auf ein Ziel hinbewegen, über einen langen Zeitraum aufrechtzuerhalten. Zielstrebige Menschen können nicht ausruhen, indem sie nichts tun; auch fühlen sie sich in der Rolle von passiven Zuschauern nicht wohl. Sie finden selten Vergnügen in einzelnen Anlässen, wie z.B. einer Party oder einer Show oder selbst im Urlaub - einem Vergnügen, das da und dort ohne weitere Konsequenzen endet.

Der Geist solcher Menschen erfordert Kontinuität, Integration und ein Gefühl des Vorankommens. Sie sind es gewöhnt, auf lange Sicht zu arbeiten; für sie ist die Gegenwart Teil der Zukunft und ein Mittel dazu; ein kurzfristiges Ereignis oder eine kurzfristige Aktivität, die nirgendwohin führt, ist eine unnatürliche Anstrengung für sie, eine irritierende Unterbrechung oder eine Quelle schmerzhafter Langeweile.

Und doch brauchen sie Entspannung und Erholung von ihrem ständigen, einseitigen Antrieb. Sie brauchen ein weiteres Gleis für denselben Zug - d.h. einen Themenwechsel, der aber dieselbe mentale Funktionsmethode benutzt.

Briefmarkensammeln erfüllt diesen Zweck.

Es stellt selbst einen breiten Kontext auf, der interessant genug ist, um Aufmerksamkeit zu halten und den Geist kurzzeitig von erschöpfenden Problemen oder Belastungen abzulenken.

Im Verlauf einer Karriere ist jede Leistung ein Selbstzweck und gleichzeitig ein Schritt hin zu weiteren Leistungen. Beim Sammeln ist jede neue Marke ein Ereignis, ein Vergnügen an sich und gleichzeitig ein Schritt hin zum Wachsen der eigenen Sammlung. Ein Sammler ist kein passiver Zuschauer, sondern ein aktiver, zielgerichteter Faktor in einer sich vergrößernden Unternehmung. Er kann nicht stillstehen: Eine Seite ohne Neuerwerbungen wird zu einem Vorwurf, einem fast unwiderstehlichen Ruf, zu einer neuen Suche aufzubrechen.

In einer Karriere gibt es so etwas wie „zu viel erreichen" nicht: Je mehr man tut, umso mehr liebt man seine Arbeit. Beim Sammeln gibt es so etwas wie „zu viele Briefmarken" nicht: Je mehr man hat, umso mehr will man haben. Das Gefühl von Handlung, von Bewegung, von Fortschritt ist wunderbar – und es formt Gewohnheiten.

Es gibt auch bestimmte Unterschiede.

Briefmarkensammeln ist ein Anhängsel, kein Ersatz für eine Karriere. Eine Karriere erfordert Problemlösungen – kreative Probleme, technische Probleme, Geschäftsprobleme usw. Briefmarkensammeln erfordert eine volle, fokussierte Aufmerksamkeit, aber keine Problemlösungen; es ist ein Prozess, mit dem Bekannten vorwärts zu kommen. Wenn man es zu einem Ersatz für produktive Arbeit macht, wird es eine Flucht; ein unproduktiver Geist braucht keine Entspannung.

Der Verlauf einer Karriere hängt vorwiegend (wenn auch nicht ausschließlich) von der eigenen Handlung ab. Eine Karriere erfordert Anstrengungen; sie bringt Spannungen, Enttäuschungen, Hindernisse, die manchmal herausfordernd, aber meistens hässlich, schmerzlich oder sinnlos sind – besonders in einer Zeit wie der heutigen, in der man zu oft gegen die Unehrlichkeit, die Ausflüchte und die Irrationalität der Menschen kämpfen muss, mit denen man zu tun hat. Beim Sammeln erfährt man das seltene Vergnügen von unabhängiger Handlung ohne irrelevante Lasten oder Belastungen. Niemand kann sich in die eigene Sammlung einmischen, niemand muss befragt oder berücksichtigt werden. Die Entscheidungen, die Arbeit, die Verantwortung und der Genuss gehören einem selbst. Genau wie das große Gefühl von Freiheit und Eigenständigkeit.

Aus diesem einfachen Grund geht man als Briefmarkensammler mit anderen Menschen auf einer freundlichen, wohlwollenden Basis um. Sie können sich nicht einmischen, aber sie können sehr hilfreich und großzügig sein. Es gibt eine Art „Bruderschaft" unter Briefmarkensammlern, die heutzutage ungewöhnlich ist: die Bruderschaft, dieselben Werte zu haben. Inmitten der heutigen zynischen Verdrehung und Korrumpierung aller Werte trifft man selten jemanden, mit dem man überhaupt ein gemeinsames Interesse hat; die meisten Leute schätzen oder genießen überhaupt nichts. Briefmarkensammler haben eine enorme Bandbreite an individuellen Vorlieben, aber das Grundprinzip des Hobbys ist klar umrissen. Ein Briefmarkensammler würde die Ein-Cent British Guyana nicht mit der Begründung ablehnen, dass sie einzigartig ist - und er würde sie nicht gegen ein Dutzend deutscher Inflationsmarken tauschen, weil mehr Menschen sie benutzt haben.

Das Streben nach dem Einzigartigen, dem Ungewöhnlichen, dem Anderen und dem Seltenen ist die Antriebskraft beim Sammeln. Es stattet dieses Hobby mit der Spannung und der Aufregung einer Schatzsuche aus - selbst auf den bescheideneren Stufen, wo der Schatz einfach ein unerwartetes Geschenk eines Freundes sein kann, der den einen kahlen Fleck ausfüllt und einen Satz komplettiert.

Diese Stimmung aus fröhlicher Gutmütigkeit ist besonders wichtig für Menschen, deren Karrieren sich mit ernsten, lebenswichtigen Fragen befassen - wie z.B. für einen Schriftsteller, der die Trends der modernen Welt studiert, oder einen Chirurgen, der der ständigen Frage von Leben und Tod gegenübersteht. Es ist kein Zufall, dass viele Ärzte Briefmarkensammler sind.

Solche Karrieren erfordern eine solch brutale Disziplin und totale Hingabe, dass man fast entpersonalisiert werden kann. Darum ist eine Stunde, die man mit einer Aktivität verbringt, deren einziger Zweck das eigene Vergnügen ist, ein solch erholsamer und erfrischender Rettungsring.

Wenn man sich mit Briefmarken befasst, betritt man eine spezielle Welt, durch einen Prozess, der der Reaktion auf Kunst ähnelt: Man befasst sich mit einem isolierten und betonten Aspekt des Daseins - und man erlebt das Gefühl einer sauberen, geordneten, friedlichen, sonnendurchfluteten Welt. Ihre Regeln und Grenzen sind streng begrenzt - und der Rest liegt in der eigenen individuellen Entscheidung. Aber man wählt nicht blind, man befasst sich mit festen, verständlichen, unveränderlichen Dingen. In der Welt der Briefmarken gibt es ständige Veränderungen, ständige Bewegung, einen brillanten Fluss aus Farben und eine spektakuläre Zurschaustellung von menschlicher Phantasie - aber es gibt keine Veränderung im Wesen und im Zweck von Briefmarken. Niemand versucht zu behaupten - wie es Menschen in anderen Bereichen tun -, dass ein verwelktes Salatblatt aus der eigenen Mülltonne eine bessere Art von Briefmarke sei. Es ist nicht der Platz für Launen, es ist keine Welt für die, die das Chaos von undefinierbaren, launischen, rührseligen Gefühlen mögen. Es ist eine Welt für geordnete, rationale Köpfe.

Aber, so wird gefragt, warum nicht Zigarrenbanderolen, Münzen oder altes Porzellan sammeln? Warum Briefmarken?

Weil Briefmarken die konkreten, sichtbaren Symbole einer enormen Abstraktion sind: des weltumspannenden Kommunikationsnetzes.

Ein unabdingbarer Teil eines auch nur flüchtigen Blicks auf Briefmarken ist das Bewusstsein dessen, was für eine erstaunliche Leistung sie repräsentieren: Für ein paar Pennys können Sie einen Brief an jeden Ort der Welt schicken, in die entferntesten, verlassensten Gegenden der Welt - nach Grönland oder auf die Keeling Islands (Bevölkerung: 1000). Diese kleinen Papierstücke werden Ihre Worte über Ozeane, über Berge und Wüsten tragen, und mehr noch: über unüberwindliche Grenzen (von denen die meisten nicht auf den unterentwickelten Kontinenten liegen.) Briefmarken sind als Posteinrichtung erst 130 Jahre alt. Bedenken Sie den menschlichen Einfallsreichtum, die technologische Entwicklung, die Angleichung der Anstrengungen, die erforderlich waren, um ein weltweites Postsystem zu schaffen. (Gelegentlich kann man sich über die Ineffizienz des örtlichen Postamtes aufregen - und die in Übersee sind vielleicht noch schlimmer -, aber sehen Sie sich das Gesamtbild an, das sie erreichen.)

Während die Politiker ihr Bestes daran setzen, die Welt mittels eiserner Vorhänge und nackter Gewalt zu spalten, demonstrieren die Postdienstleister der Welt - in ihrer ruhigen, unaufdringlichen Weise -, was man braucht, um die Menschheit näher zusammenzubringen: ein spezifisches Ziel, das kooperativ ausgeführt wird, das individuellen Zielen und Bedürfnissen dient. Briefmarken tragen die Stimmen von individuellen Menschen um die Welt; individuelle Menschen benötigen die Post; Könige, Diktatoren und andere Herrscher arbeiten nicht mit der Post. In diesem Sinne sind Briefmarken die Weltbotschafter des guten Willens.

Briefmarkensammeln gibt einem eine grobe Übersicht über die Welt - und zwar eine sehr gutmütige Sicht. Man fühlt: Egal, wie furchtbar einige Taten der Menschheit sind - hier ist ein Bereich, in dem Menschen vernünftig, effizient und erfolgreich funktionieren. (Ich meine nicht die politischen Machenschaften, ich meine die technischen Aspekte und Fähigkeiten, die erforderlich sind, um Tonnen an Post auszuliefern.)

Wenn ich in den Nachrichten den Namen eines Landes höre, das ich nur durch mein Briefmarkenalbum kenne - so wie Tonga oder Niue -, dann fühle ich eine persönliche Wiedererkennung, wie einen freundlichen Gruß. Briefmarken geben einem einen persönlichen Wertbereich, eine Art von Eigentümerinteresse an fernen Ländern, die sonst bloß Namen und leere Abstraktionen wären. (Einige Länder missbrauchen dies und geben eine unglaubliche Menge an philatelistischem Abfall heraus - mehr Marken als für legitime postalische Bedürfnisse gebraucht werden. Aber Sammler können sie ja ignorieren.) Ein Briefmarkenalbum ist wie eine Weltreise, mit dem Vorteil, dass man sich auf die besten Aspekte von verschiedenen Kulturen ohne die bitteren Nachteile konzentrieren kann.

Ästhetisch gesehen würde ich gerne die enorme Menge an Talent erwähnen, die auf Marken gezeigt wird - mehr als man in heutigen Kunstgalerien finden kann. Wenn man von den Verbrecherfotos einiger der hässlichsten Gesichter der Welt absieht (eine Sünde, denen sich die Briefmarken der meisten Länder schuldig machen), dann findet man echte kleine Meisterwerke der Malerei. In dieser Hinsicht sind japanische Marken am besten. Aber meine persönlichen Favoriten sind zwei kleinere Länder, deren Marken weniger bekannt sind: die Ryukyu-Inseln und Island. Wenn es ein Wettbewerb wäre, gäbe ich den ersten Preis für Schönheit an zwei Marken aus Island, die stilisierte Zeichnungen von Bäumen darstellen.

Als Abschluss möchte ich ein persönliches Dankeschön an einen Mann richten, dessen Interesse und Anleitung mir geholfen haben, meinen Weg in einem sehr komplexen Bereich zu finden: Mr. Jacques Minkus. Sein ansteckender und unwiderstehlicher Enthusiasmus für die Welt der Briefmarken und der Glanz der von ihm geschaffenen philatelistischen Institution verleihen ihm eine ungewöhnliche Stellung in der trostlosen Welt von heute: der Kopf eines Reiches, das der menschlichen Freude gewidmet ist.

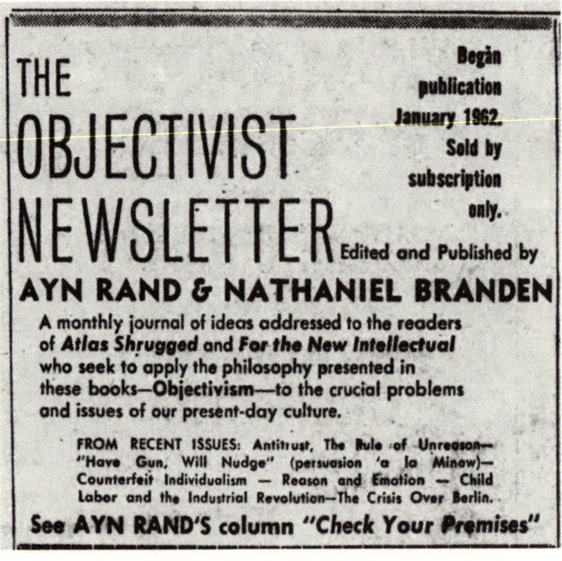

THE OBJECTIVIST NEWSLETTER

Began publication January 1962. Sold by subscription only.

Edited and Published by

AYN RAND & NATHANIEL BRANDEN

A monthly journal of ideas addressed to the readers of *Atlas Shrugged* and *For the New Intellectual* who seek to apply the philosophy presented in these books—Objectivism—to the crucial problems and issues of our present-day culture.

FROM RECENT ISSUES: Antitrust, The Rule of Unreason—"Have Gun, Will Nudge" (persuasion 'a la Minow)—Counterfeit Individualism — Reason and Emotion — Child Labor and the Industrial Revolution—The Crisis Over Berlin.

See AYN RAND'S column *"Check Your Premises"*

Anzeige für Ayn Rands Rundbrief, Juni 1962

Ayn Rand im TvR Medienverlag Jena

Der Ursprung

Der Ursprung („The Fountainhead"), Ayn Rands zeitloser Klassiker von 1943, erzählt die Geschichte von Howard Roark, einem jungen individualistischen Architekten, der sich weigert, seine Überzeugungen an ein Establishment zu verkaufen, das Konformität über Unabhängigkeit und Integrität stellt. Roark kämpft nicht nur für die künstlerische Vision seiner Bauten, sondern gegen die Maßstäbe der „Autoritäten" und gegen die Herrschaft der Mittelmäßigkeit, der Gleichmacherei und der Beliebigkeit - und gegen eine atemberaubend schöne Frau, die ihn leidenschaftlich liebt, aber seinen schlimmsten Feind heiratet.

1022 S., fester Einband, handvernäht, 2019, ISBN 978-3-940431-66-0

Kapitalismus

Das unbekannte Ideal

Warum der Kapitalismus nicht nur die am besten funktionierende, sondern auch die einzig moralische Wirtschaftsordnung ist, erklären Ayn Rand und ihre Mitstreiter Nathaniel Branden, Alan Greenspan und Robert Hessen in diesem Essayband. Dabei erörtern sie den allgemeinen Umgang mit Unternehmern und privaten Unternehmen, die Ursachen der Kriege, das Versagen der Konservativen und die dunklen Seiten des Altruismus. Sie belegen, daß altruistische Argumente immer wieder nur als Vorwand dienen, die Fundamente der kapitalistischen Zivilisation zu untergraben. Damit fordern sie nicht nur den vorherrschenden Zeitgeist heraus, sondern zeigen auch Wege aus der herrschenden philosophischen Verwahrlosung auf.

415 S., fester Einband, 2017, ISBN 978-3-940431-63-9

Die Tugend des Egoismus

Eine neue Auffassung des Egoismus

Mit weiteren Beiträgen von Nathaniel Branden

Ayn Rand führt hier die moralischen Prinzipien des Objektivismus aus, der Philosophie, die das Leben des Menschen - das für ein rationales Wesen geeignete Leben - als Maßstab moralischer Werte ansieht und besagt, dass Altruismus unvereinbar mit der menschlichen Natur, den schöpferischen Anforderungen seines Überlebens und einer freien Gesellschaft ist.

190 S., fester Einband, 2015, ISBN 978-3-940431-55-4

<u>Thomas Kirchner im TvR Medienverlag Jena</u>

Alternativlos

Warum wir jetzt erst recht ungezügelte Finanzmärkte brauchen

Das Buch ist ein leidenschaftliches Plädoyer eines aus Deutschland stammenden Fondsmanagers von der New Yorker Wall Street gegen die Überregulierung der Finanzwirtschaft. Als direkt Beteiligter räumt er dabei mit zahlreichen Mythen, Medienenten und Mißverständnissen über die Arbeits- und Wirkungsweise internationaler Finanzinstitute und ihrer Produkte auf. Im Mittelpunkt stehen dabei die Ursachen der gegenwärtigen Krise, als deren Hauptschuldige er inkompetente Politiker ausmacht, die in ihrer Inkompetenz ihrer Verantwortung nicht gerecht werden können. Denn ehe man Finanzmärkte regelt, müsste man erst ihre Wirkungsweise verstehen. Zahlreiche persönliche Erfahrungen erlauben einen Blick hinter die Kulissen der großen Player an den internationalen Finanzmärkten.

265 S., fester Einband, 2014, ISBN 978-3940431523